わくわく探訪 日本の中のドイツ

真江村晃人・真江村まき

三恵社

はじめに

　昨年、共著『日本の中のドイツを訪ねて』（三恵社）を出版しましたが、身近な日独交流について、書き足したいことがたくさんありましたので、姉妹編『わくわく探訪 日本の中のドイツ』（三恵社）を出版することにいたしました。もちろん、今回も、「日本の中のドイツ」を網羅的に書けているわけではありません。

　前編につきましては、自分の行ったところが書いてあって懐かしかったとか、初めて知ることがあって参考になった、などと書いてくださる方々も数多くありました。何よりも、日独交流の過去および現在の"実像"について、深い関心を寄せてくださり、特に学生のみなさんには卒論のテーマのヒントになったという方々もあって、著者としてたいへん嬉しく思いました。

　なお、少数ながら日本語や日本文化に関心を持って、この種の本を読まれるドイツ人学生の方々がおられることも知りましたので、本文中、やや丁寧過ぎるくらいにルビを振ることにしました。日本人読者の方々には、かえって読みにくいかもしれませんが、ご了解くださいますようお願い申し上げます。

　　　　　　　　　　　　　　　　　　　　　　　　真江村晃人
　　　　　　　　　　　　　　　　　　　　　　　　真江村まき

わくわく探訪 日本の中のドイツ―目次

はじめに・・・・・・・・・・・・・3
◇1 函館五稜郭の中のドイツ(北海道函館市)・・・・・13
◇2 食肉加工のマイスター、カール・レイモン(函館市)・・・15
◇3 ドイツと函館の建築Ⅰ(函館市)・・・・・・・17
◇4 ドイツと函館の建築Ⅱ(函館市)・・・・・・・18
◇5 「はこだて明治館」とテディベア(函館市)・・・・21
◇6 武藤やちとフレーベル式函館幼稚園(北海道函館市)・22
◇7 仙台にあったフレーベル式幼稚園(宮城県仙台市)・・25
◇8 幕末欧州を巡歴した会津藩、唐津藩の侍と新選組・・27
◇9 海老名リンとフレーベル式若松幼稚園(会津若松市)・38
◇10 旧川崎貯蓄銀行佐倉支店(千葉県佐倉市)・・・・・46
◇11 順天堂塾跡：近代医学源流の一つ(千葉県佐倉市)・・47
◇12 ツェッペリン伯号の飛来(千葉県霞ヶ浦市)・・・・49
◇13 皇居の二重橋鉄橋化とドイツ(東京都千代田区)・・・51
◇14 旧川崎貯蓄銀行富沢町支店(東京都中央区)・・・・52
◇15 吉田鉄郎と東京中央郵便局旧庁舎(東京都千代田区)・53
◇16 白井晟一と二つの美術館(渋谷区/静岡市)・・・・・55
◇17 ドイツ製の昌平橋架道橋(御茶ノ水駅近隣)・・・・57
◇18 聖橋と山田守(御茶ノ水駅近隣)・・・・・・・・59
◇19 ヘーンと明治中葉の警察(墨田区三囲神社)・・・・60
◇20 独逸公使兼白耳義公使時代の西園寺公望と豊田芙雄・・62
◇21 古市静子とフレーベル式駒込幼稚園(品川区大井他)・・65

◇22 東京大学大講堂（安田講堂）とドイツ表現派・・・・・・ 70
◇23 横川楳子と八王子のフレーベル式幼稚園・・・・・・・ 71
◇24 東京のドイツ料理店Ⅰ・・・・・・・・・・・・・・・ 79
◇25 東京のドイツ料理店Ⅱ・・・・・・・・・・・・・・・ 81
◇26 一年中買えるクリスマスグッズの店・・・・・・・・・ 83
◇27 ネット上で購入のくるみ割り人形・・・・・・・・・・ 84
◇28 日本で広く親しまれているドイツの歌・・・・・・・・ 85
◇29 ドイツ好きの志ん朝（3代目）米團治（5代目）・・・ 86
◇30 ドイツ人のビール製造とレストラン（富士宮市）・・・ 87
◇31 半田赤レンガ倉庫とカブトビール（愛知県半田市）・・・ 88
◇32 旧山田郵便局電話分室：吉田鉄郎とドイツ表現派・・・ 90
◇33 京都の建物Ⅰ：吉田鉄郎と京都中央電話局上分局・・・ 92
◇34 京都の建物Ⅱ：旧京都郵便電信局（現中京郵便局）・・ 93
◇35 京都の建物Ⅲ：京都大学文学部旧陳列館と分離派・・・ 96
◇36 京都の建物Ⅳ：旧不動貯金銀行京都七条支店・・・・・ 98
◇37 京都の建物Ⅴ：モダニズムの先駆者、本野精吾・・・・ 99
◇38 河合浩蔵と造幣局旧発電所（現造幣博物館）・・・・・102
◇39 ドイツ留学経験者、矢部又吉と大阪の建物・・・・・・103
◇40 緒方洪庵訳：ドイツ医師道「扶氏医戒之略」・・・・・105
◇41 新大阪駅舎内のドイツ風料理店・・・・・・・・・・・108
◇42 ドイツパン工房：キルシュブリューテ（大阪市西区）・・109
◇43 地動説を記した江戸時代の町人学者(高砂市・大阪)・・・110

◇44 ドイツ人とチェコ人が共同設計したホテル（神戸市）・・112
◇45 初代九州鉄道から移設された跨線橋（兵庫県明石市）・・113
◇46 原爆ドームと元の姿（広島市）・・・・・・・・・・114
◇47 広島のドイツ料理レストラン（広島市）・・・・・・116
◇48 下関とドイツゆかりの建物（山口県下関市）・・・・117
◇49 分離派建築の最高傑作（北九州市門司区）・・・・・123
◇50 クリスマスマーケット福岡2017（福岡市）・・・・・125
◇51 初代九州鉄道遺構の城山三連橋梁（筑紫野市）・・・127
◇52 不運の人、相良知安とドイツ医学Ⅰ（佐賀・東京）・・129
◇53 不運の人、相良知安とドイツ医学Ⅱ（佐賀・東京）・・130
◇54 不運の人、相良知安とドイツ医学Ⅲ（佐賀・東京）・・133
◇55 不運の人、相良知安とドイツ医学Ⅳ（佐賀・東京）・・135
◇56 「出島三学者」の二人はドイツ人・・・・・・・・・138
◇57 欧州に酒・醤油を運んだコンプラ瓶（長崎県波佐見町）・・140
◇58 別府の2建築と吉田鉄郎（別府市）・・・・・・・・142
◇59 宗方光とフレーベル式幼稚園（宇土市・熊本市）・・・144
◇60 天正時代のグーテンベルク式印刷機（熊本県天草市）・・148
◇61 ドイツ文学と日本の作家森鴎外・・・・・・・・・・151
◇62 島崎藤村の「椰子の実」とカール・ボエルマンの詩・・・153
◇63 ドイツ演劇と日本の作家たち・・・・・・・・・・・155
◇64 『方寸』とドイツの『ユーゲント』と「パンの会」・・・・157
◇65 手塚治虫の漫画とドイツ・・・・・・・・・・・・・159

◇66 安全ヘルメットの発明者はカフカ？・・・・・・・・・161
◇67 建築家、F.R.ライトとフレーベルの恩物・・・・・・・162
◇68 ドイツ哲学と日本 ・・・・・・・・・・・・・・・164
◇69 日本語の中のドイツ語 ・・・・・・・・・・・・・165
◇70 特別稿：台湾宜蘭における幼稚園設立と桜川以智・・・・167
◇71 補遺１：ハイトケンペル夫妻の墓石・・・・・・・・・178
◇72 補遺２：ノーベル賞受賞者、大村智先生の色紙・・・・・179
◇73 お詫びと訂正：愛珠幼稚園など・・・・・・・・・・・180
◇74 前編に対するご感想やお礼状など・・・・・・・・・・182
　　おわりに ・・・・・・・・・・・・・・・・・・・183

参考：前著（姉妹編）『日本の中のドイツを訪ねて』（三恵社）目次
　はじめに
◇１ サッポロビール博物館・札幌市
◇２ サッポロビール園・札幌市
◇３ 札幌のハンバーグ・札幌市
◇４ シュタイフ新千歳空港店とテディベア・千歳
◇５ 飯盛山の白虎隊とドイツ人・会津若松市
◇６ 旧青木家那須別邸・栃木県那須塩原市
◇７ グリムの森・グリムの館・栃木県下野市
◇８ 日本の子どもたちとグリム童話
◇９ 市川市東山魁夷記念館・千葉県市川市
◇10 日本基督教団千葉教会・千葉市
◇11 東京ドイツ村・千葉県袖ケ浦市
◇12 北白川宮能久親王と日独交流・東京都千代田区
◇13 日本のヘソ：日本水準原点・東京都千代田区
◇14 松野 磔 父子の墓とクララの顕彰碑・東京都青山霊園
◇15 フレーベルと日本の幼稚園の始まり・東京都文京区
◇16 豊田芙雄と鹿児島幼稚園・鹿児島市
◇17 フレーベル主義保育と愛珠幼稚園・大阪市中央区
◇18 千住製絨所跡・井上省三胸像・東京都荒川区
◇19 神社に祀られたドイツ人コッホ・東京都港区

◇20 獨逸学協会学校と獨協大学・草加市
◇21 ドイツ式の日比谷公園と公園旧事務所・都千代田区
◇22 ビヤホールライオン銀座七丁目店・東京都中央区
◇23 明治期お雇い外国人：ドイツ人
◇24 ドイツ人設計の旧司法省庁舎・千代田区霞が関
◇25 駒場野公園のケルネル田圃(たんぼ)・東京都目黒区
◇26 獣医学と鹿鳴館ダンスを指導した男・東京＆鹿児島
◇27 ゴットフリート・ワグネルと窯業・東京青山霊園
◇28 ハインリッヒ・エドムント・ナウマンと地質学
◇29 エルヴィン・フォン・ベルツと医学
◇30 カール・ヘルマン・ブッセと「山のあなた」
◇31 ゼールと明治学院記念館・東京都港区
◇32 ゲオルグ・デ・ラランデ自邸・東京都小金井市
◇33 上智大学とダールマンおよびホフマン・千代田区
◇34 日本美の再発見者ブルーノ・タウト
◇35 東京ゲーテ記念館（私立図書館）・東京都北区
◇36 日本サッカーの父：デットマール・クラマー・文京区
◇37 旧多摩聖蹟記念館・東京都多摩市
◇38 旧横浜正金銀行と横浜赤レンガ倉庫・横浜市
◇39 ドイツ軍艦の爆発と犠牲者墓地・横浜市
◇40 黒姫童話館とミヒャエル・エンデ・長野県信濃町
◇41 レルヒ少佐と日本のスキーの始まり・上越市
◇42 ゼールと同志社大学クラーク記念館・京都市
◇43 ゲーテ・インスティテュート・ヴィラ鴨川・京都市
◇45 大阪のドイツ式鉄橋化と桑原政工業事務所・大阪市
◇46 ドイツ人捕虜とバウムクーヘン・神戸市
◇47 ドイツ人捕虜と甲子園のホットドック・西宮市
◇48 神戸異人館「風見鶏の館」・神戸市中央区
◇49 ドイツ派・河合浩蔵と神戸における建築・神戸市
◇50 フロインドリーブ：神戸のドイツパン・神戸市
◇51 お雇い外国人；ある靴職人の流浪の生涯・神戸市
◇52 軍人メッケル：現役時代最後の不運・東京都
◇53 夢二郷土美術館本館とイッテン・岡山市
◇54 板東俘虜収容所跡・徳島県鳴門市
◇55 久留米俘虜慰霊碑・福岡県久留米市
◇56 旧八幡製鉄所旧本事務所・北九州市
◇57 九州鉄道建設の恩人ルムシュッテル
◇58 レトロの街を謳う門司港駅周辺の「ドイツ」・北九州市
◇59 小倉の森鴎外旧居・北九州市
◇60 ドイツ料理・バイエルン福岡・福岡市
◇61 ハムソーセージ工房イブスキ・佐賀市
◇62 カフェ ブラート ヴルスト・佐賀市
◇63 佐賀県立美術館：ルートヴィヒ美術館蔵・ピカソ展
◇64 佐賀大学：菊楠(きくなん)シュライバー館・佐賀市
◇65 ポーセリンパーク・佐賀県有田町
◇66 シーボルトの湯・佐賀県嬉野市
◇67 シーボルト鳴滝塾跡・長崎市
◇68 「荒城の月」と岡城跡・大分県竹田市

◇69 ゲルマンハウス・熊本市
◇70 五高記念館：旧制高校の教育・熊本市
◇71 日本で見られるドイツの有名企業
◇72 日本で人気のドイツの車
◇73 ドイツ人に人気の日本の食べ物トップ３
◇74 ハナスベリヒユ・コモンセージ・ジャーマンカモミール
◇75 まきが選ぶドイツの小説７
◇76 まきが選ぶドイツの詩３
◇77 晃人が選ぶドイツの音楽
◇78 晃人とまきが選ぶドイツおよびドイツ語圏の映画５
◇79 晃人が選ぶドイツの美術家４
◇80 ドイツと大日本帝国憲法
◇81 ドイツの教育と明治日本の義務教育
◇82 環境問題：ドイツ人と日本人
◇83 ジャーマン通り商店街・東京都大田区大森山王
◇84 江戸時代来日したドイツ人；あのシュリーマンも
◇85 日本各地の「オクトーバーフェスト」（ビール祭り）
◇86 難破したドイツ商船員を救出した人々・沖縄県宮古島市
◇87 うえのドイツ文化村・沖縄県宮古島市
◇88 ドイツを知るための諸機関・施設など
　おわりに

◇1 函館五稜郭の中のドイツ（北海道函館市）

　函館五稜郭の設計者は、緒方洪庵（項40）の門下生、武田斐三郎（後、陸軍大佐。陸軍大学教授）ですが、こうした星形の城が、ドイツを含め、欧州各地にあることは、イタリア・ルネサンス美術のビデオ翻訳の仕事を通して早くから知っていました。しかし、五稜郭の中に"ドイツ製大砲が展示してあること"は、今回初めて知りました。

五稜郭（五稜郭タワーから）　2017.9.6

戊辰戦争は「箱館戦争（明治2年に箱館は函館となります）」で終結します。会津藩と庄内藩は、プロシア（ドイツ）に、北海道の所領を割譲するので戦争支援をして欲しいと要請したが、ビスマルクは乗らなかったという文書がドイツ側に残っているそうです（2011年2月5日朝日新聞夕刊）。

左・箱館奉行所（復元） / 右・手前ドイツ製；右・向こうイギリス製

　五稜郭内の箱館奉行所（復元）の前庭、兵糧庫（建築当時のもの）の前には、新政府軍の朝陽丸（オランダで造船。元徳川幕府の所有。箱館で旧幕軍の砲弾を受け、火薬庫が大爆発し、轟沈）に艦載されていた、上右写真、手前側の大砲（ドイツ、クルップ社製。射程3000m）と、旧幕軍が築島台場に設置していた、向こう側の大砲（イギリス、ブラックケリー社製。射程1000m）があります。兵器やその他の面で各国も戊辰戦争にしっかりと絡んでいたのです。戊辰戦争の経緯は「項8末」にやや詳しく記述しています。（晃人・まき）

＜参考資料＞ⓘwww.city.hakodate.hokkaido.jp/docs/2014011700789/
　　　　　　（函館教育委員会学習部　文化財課）

◇2 食肉加工のマイスター、カール・レイモン(函館市)

　ドイツ人マイスターが、誇りが高く、かつ良心的で、安易な妥協などしないことは、函館の食肉加工のマイスター、カール・W・レイモン（Carl Weidel-Raymon, 1894-1987）の例を見ても明らかです。

　レイモンは、オーストリア＝ハンガリー帝国ボヘミア地方カルルスバード（現チェコ共和国）で誕生し、欧州諸国で修業を重ねています。1915年（大正4）には、ノルウェーの会社から、米国のアーマ社に派遣され、その帰途の1919年（大正8）、日本に立ち寄ります。日本でも食肉会社で働き、函館の洋風旅館の娘、コウと恋に落ちますが、周囲の大反対のため、二人は駆け落ちし、ドイツで結婚式を挙げます。後、許されて函館に戻り、ハム・ソーセージ製造販売を始めますが、まったく売れず二人は大変な苦労をします。しかし、レイモンの本物

同館パンフレット

の味は徐々に人気を集め、自前の工場を建てるまでになります。1933年（昭和8）には、工場は仲間に任せて、3年契約で満州の畜産指導に出かけ、大成功を収めますが、さらに朝鮮、台湾でも指導をし、1938年（昭和13）、帰国します。しかし、同年、道庁は工場の「強制買収」をし、レイモンのハム・ソーセージの製造を禁止します。地域の畜産振興の提唱者レイモンに対し、道庁はひどい仕打ちをしたのです。レイモンが製造を再開するのは、戦後になってからです。

1983年（昭和58）、高齢となって、周囲の勧めで日本ハム研究所の福田俊生と島倉情憲を後継者とし、株式会社函館カールレイモンが設立されます。

　レイモンには、1974年（昭和49）、西ドイツ（当時）から功労勲章十字章が、1985年（昭和60）、北海道新聞文化賞と北海道産業貢献賞が、1986年（昭和61）、日本国の勲五等双光旭日章が授けられています。レイモンの功績をやっと社会が認めたのです。また、平和の希求者、レイモンはＥＵの旗の最初の提案者です。

　「レイモンハウス元町」（函館市元町30-3/市電「十字街」徒歩5分/9:00-18:00）では製品の購入と軽食ができます。（晃人・まき）

左・レイモンハウス元町　/　右・2F カール・レイモン歴史展示館　2017.9.6

＜参考文献＞・川嶋康夫『大きな手　大きな愛　"胃袋の宣教師"函館カール・レイモン物語』農山漁村文化協会、2008年
・村木真寿美『レイモンさんのハムはボヘミアの味』河出書房新社、2000年
・http://www.raymon.co.jp（製品の購入が可です）

◇3 ドイツと函館の建築Ⅰ（函館市）

　下の写真、函館旧ロシア領事館の設計は、前著で何度も触れた、旧司法省庁舎や旧大審院、同志社大学クラーク記念館（国重文）、千葉教会の設計や、明治学院大学記念館改修に関わったドイツ人、リヒャルト・ゼールです。しかし、1903年（明治36）、ゼールは、事務所を、神戸の「風見鶏の家」の設計者、ドイツ人建築家、ゲオルグ・デ・ラランデに託して帰国します。同館は、ゼール不在のまま、1906年（明治39）、竣工されましたが、翌年、函館大火で延焼します。現在の建物は、さらにその翌年、1908年（明治41）、残っていた設計図を基に、函館の棟梁、佐藤誠が再建したものです。ファサードの一部、唐様の意匠など佐藤によるものでしょうか。（晃人・まき）

坂道脇の旧ロシア領事館　2017.9.6

船見公園から　2017.9.6

＜参考文献＞・『函館市史デジタル版』（函館市）
　　　　　　　ⓘarchives.c.fun.ac.jp/hakodateshishi/
　　　　　　　shishi_index.htm

◇4　ドイツと函館の建築Ⅱ（函館市）

　函館にはドイツのユーゲント・シュティールやドイツ表現派の影響を受けた建築があります。写真は、関根要太郎（1889-1959）、山中節治（1895-1952）兄弟が設計した、ユーゲント・シュティール風の函館海産商同業組合事務所（函館市末広町15‐3/海産同ビル）です。

函館海産商同業組合事務所　2017.9.5

左・内部ステンドグラスと階段手摺装飾　2017.9.5

1920年（大9）竣工の木造モルタル塗り3階建て。内部の写真は許可を得て撮影しています。なお、関根については、前著の旧多摩聖蹟記念館の項37でも触れましたが、関根は埼玉県秩父に生れ、秩父郡立農学校、正則学校を経て、1910年（明治43）、三橋四郎設計事務所に就職し、1913年（大正2）、東京高等工業学校（現東京工業大学）の選科に入学し、翌年、卒業しています。弟の山中節治や建築家蔵田周忠と組んでモダンで瀟洒な作品を残しています。

　次の建物も、1921年（大正10）、関根、山中兄弟設計の亀井喜一郎邸（木造モルタル塗り2階建て/函館市元町15-28）です。亀井勝一郎の実家ですが、ハリストス正教会（ハリストス＝キリスト）から、函館聖ヨハネ教会、カトリック元町教会を左右に見て、大三坂を下ってすぐです。観光客は殆ど素通りしますが、モダンでしゃれた作品です。なお、レイモンハウス元町も徒歩数分圏内です。（晃人・まき）

亀井喜一郎邸　2017.9.6

次の写真は、1926年（大正15）、関根要太郎と蔵田周忠が設計した旧百十三銀行(現 SEC電算センター/函館市末広町 18-15/鉄筋コンクリート造り2階建て一部3階建て/函館市景観形成指定建造物）です。蔵田が加わったためか、少し後の作品のためか、はっきりしませんが、海産同ビルや亀井邸とはやや異なった印象があります。ドイツ表現派風のデザインと言われていますが、いずれにしろモダンな建物です。箱館のこの建物は、前著でも取り上げた、関根、蔵田コンビによる大胆な円形の旧多摩聖蹟記念館の4年前の作品になります。（晃人）

旧百十三銀行　2017.9.5

＜参考文献＞・角幸博監修・函館建築研究会編・函館の歴史的風土を守る会編
　　　　　　『函館の建築探訪』北海道新聞社、1997年
　　　　・ⓘfkaidofudo.exblog.jp
　　　　　関根要太郎研究室＠はこだて

◇5 「はこだて明治館」とテディベア（函館市）

　「はこだて明治館」（旧函館郵便局/レンガ造り2階建て/函館市豊川町 11-17）は、1911年（明治44）、逓信省によって建設されています。金森赤レンガ倉庫群に隣接しており、明治館の前はタクシーの乗降車場になっています。

　1F、2Fとも函館のお土産ショップが入っていますが、1Fにはテディベアショップ、2Fにはテディベアミュージアムがあります。ミュージアムには著名人縁の様々なデザインのテディベアを展示していますが、テディベアファンの必見は、数点展示してある、ドイツシュタイフ社の初期テディベアでしょう。

　ミュージアムは撮影禁止ですが、1Fショップは人物と一緒なら撮影可ということでした。　（まき）

　　はこだて明治館　2017.9.7　　　　1F　テディベアショップ

＜参考文献＞・角幸博監修・函館建築研究会編・函館の歴史的風土を守る会編
『函館の建築探訪』北海道新聞社、1997年

◇6 武藤やちとフレーベル式函館幼稚園（北海道函館市）

　函館師範学校では、1880年（明治13）頃から幼稚園設置を計画しますが、本格始動は、東京の女子教育者、桜井ちかが、1881年（明治14）7月、函館師範学校赴任以降のことです。桜井は着任後すぐに東京女子師範学校と交渉した結果、1883年（明治16）3月2日、保姆練習科修了生で給費生5人の一人、東京女子師範学校附属幼稚園の保姆、武藤やち（三等教諭月俸15円）が着函することで、1883年（明治16）11月1日、「本校ノ附属小学校内ニ假リニ幼穉園ヲ開キ生徒二十五名入園ヲ許ス」ということになったのです。

　仮幼稚園ではありましたが、武藤は、北の大地で本格的なドイツのフレーベル主義保育の実践を目指したのです。

　1885年（明治18）9月1日、函館師範学校内に函館女学校が設置されますが、この際、函館師範の女子部門はこの学校に移され、高等女学科と女子師範学科が併置されています。「女子師範学科課程表」の「教育學」の中に「幼稚園保育法」、「實地授業」の中に「幼稚園保育」があり、武藤が東京の母校に倣って、函館でも「小学校教員と幼稚園教員を兼ねて養成した」ことがわかります。

　所期の任務を果たした武藤には、大阪の愛珠幼稚園主席保姆の就任要請があったのですが、函館県の強い要望で現地に残ります。しかし、1886年（明治19）4月10日、文部省の師範学校令で、同年9月17日、札幌、函館の両師範学校は廃校となり、新たに札幌に北海道尋常

師範学校が設置されます。函館には北海道尋常師範学校函館分校（女子師範学校）が置かれましたが、これも翌年廃校となり、武藤は完全に師範学校教員の職を失ってしまいます。

　その後、武藤は、1887年（明治20）5月7日、元函館師範学校長の素木岫雲を園長に私立幼稚園を作りますが、これは手狭のためすぐ廃園となり、1888年（明治21）6月1日、新たに自前の私立函館幼稚園を設置しています。

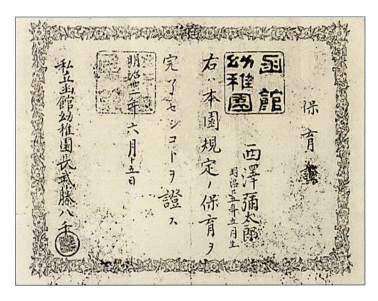

私立函館幼稚園保育証（函館市立博物館蔵）

　しかし、多くの人々から寄付を集め、様々な努力を経て、武藤を園長とし、函館の金森赤レンガ倉庫で知られる実業家、渡辺熊四郎を責

任者として、道庁立函館商業学校の校舎の一部を借りて開園した幼稚園は、翌年2月4日、商業学校の火災で類焼し、全焼しています。恩物をはじめ幼稚園の教材、教具、備品等の一切が灰燼に帰したのです。

それにも関わらず、同園は、元町の英語学校内、会所町の旧師範学校宿舎などに移転して継続されています。武藤の私立幼稚園には、常時、100名前後の園児が在園していました。武藤は、通算、約20年間、函館の幼児教育に貢献することになったのです。

私立函館幼稚園の廃園は、1903年（明治36）3月のことです。『函館市史』では「廃園についての詳細は不明」としていますが、武藤に「もはやこれまで」という決意をさせたのは、函館区議会議員たちだったのです。同年2月1日付けの新聞「函館公論」によると、函館区議会が同園の補助金年100円に20円を足すことを否決したのです。多くの議員は、義務教育こそ予算が必要、という「正論」を吐いていますが、実際は、幼児教育の大切さについて無知だった、ということでしょう。この後すぐ、武藤は、楽でなかった同園の経営を諦め、幼稚園を閉めて東京に帰っています。（晃人）

<参考文献>
- 北海道新聞社『北海道歴史人物事典』北海道新聞社、1993年
- 『函館県職員録』、伊藤鋳之助出版、明治17年
- 函館師範学校『函館師範学校第一年報　自明治八年一月至十七年十二月』
- 函館新聞記事「函館幼稚園規則」、明治21年6月24日
- 西沢弥太郎保育証、函館市立博物館蔵
- 前村晃『豊田芙雄と同時代の保育者たち』三恵社、2015年

◇7 仙台にあったフレーベル式幼稚園（宮城県仙台市）

仙台区木町通小学校附属幼稚園（私立。実態は半公半民。現私立東二番丁幼稚園）は、1879年（明治12）6月の創立で、わが国最初期の幼稚園の一つです。

旧仙台藩は、戊辰戦争で敗れ、疲弊していましたが、そういう状況だからこそ教育の重要性を謳う人々もいたのです。培根小学校（後の木町通小学校）の教師矢野成文（初代校長相当）、若生精一郎（二代校長相当。後、有数の自由民権運動家。新聞発行）、白極誠一（三代校長。後、各地の郡長）らもそうした人々でした。

ドイツのフレーベルは、庭師が草木を慈しみ育むような庭園になぞらえて「幼稚園」を創出しましたが、矢野が命名した培根小は、儒教の書『小学』にある「建学立志　以培其根　以達其支」から採られたもので、幼少期にしっかり基礎（根）を育て、将来豊かな才能（幹枝）を育てようという考えで、一種の自然主義的教育観という点で、フレーベルと通じるところがあったのです。

矢野は、幼稚園設立について、同僚と県の理解を得て、1878年（明治11）6月7日、師範学校生徒庵原俊と共に上京します。二人は、当時、全国唯一の東京女子師範学校附属幼稚園で、数十日間、保育の実際と理論を学び、県費で教材・教具など必要なもの一切を購入して帰県し、準備期間を経て開園したのです。

しかし、この時の同園の保育は試験的実施で、本格的始動は、1年2

ヶ月後、県派遣の大津よしぢ（後の橋本よしぢ）と相原春が、東京女子師範学校の保姆練習科を修了し、帰県してからになります。いずれにしろ、明治10年代初めに、20恩物や唱歌等によるドイツ流のフレーベル主義保育が仙台で始まったのです。

　宮城県には、当時の経緯を示す古文書が残っていますが、1879年（明治12）3月10日、相原の処遇に関して、宮城県に送った東京女子師範学校附属幼稚園監事、関信三の書簡は特に重要な史料です。詳しくは下記の前村晃の著書をご参照ください。（晃人）

関信三の宮城県宛の手紙（後半）／鹿児島出張の豊田芙雄の名前も。

＜参考文献＞・矢野成文手記「幼稚園保姆及母親の心得の巻八（付録）」
　　　　　　　宮城県図書館
　　　　　　・関信三「宮城県学務課宛書簡」宮城県
　　　　　　・前村晃『豊田芙雄と同時代の保育者たち』三恵社、2015年

◇8 幕末欧州を巡歴した会津藩、唐津藩の侍と新選組

　鎖国下でも、幕末になると、公許のかたちで、あるいは密航のかたちで、海外へ出かける者もしだいに増えてきます。しかし、いずれの場合も極めて例外的なケースでした。

　会津藩士の海老名季昌（父の名の郡治も使う。若松幼稚園長、海老名リンの夫。1843‐1914）と横山主税（常守。1847‐1868）、唐津藩士の尾崎俊蔵（堀川慎、尾崎和一郎など変名多数。生没年未詳）は、幕末、公許で欧州諸国を巡歴するという貴重な体験をしています。

　3人は、1866年（慶応2）11月、第五回パリ万国博覧会日本使節代表、徳川昭武（1853‐1910,徳川慶喜の弟）の随行者20数名中に選ばれ、翌年1月、パリへ向け、横浜港を出航することになります。

　海老名は、藩校日新館を優秀な成績で修了し、徳川家親藩の会津藩主、松平容保（徳川慶喜の弟、桑名藩主、松平定敬の兄）の下で京都詰め中、横山は、1300石の若き上級藩士、尾崎は、徳川譜代の唐津藩の世嗣で外交政策に強かった老中、小笠原長行のお世話役ということで、3人共、随員に選ばれる背景があったのです。

　随員の中には、箕作貞一郎（麟祥。後、官僚、教育者。男爵。津山藩出身）、渋沢篤太夫（栄一。日本資本主義の父。子爵。武蔵国榛沢郡出身）、高松凌雲（医師。箱館戦争時、両軍の兵士を治療。日本赤十字運動の先駆者。現小郡市古飯出身）、杉浦譲（幕臣。後、官僚。早世。『航西日記』著者。甲府出身）、服部潤次郎（水戸藩士。後、御

郡奉行)などがいます。

パリに着くと、3人は「伝習生(留学生)扱い」となり、役人から「君らは今後自由にしてよろしい」と言われ、生真面目な海老名は約束と違うと怒りますが、思い直して、外国奉行向山一履から「添え状(認め)」と経費を貰って、諸国巡歴に出かけています。

2014年(平成26)1月12日、佐賀新聞は、東京大学史料編纂所が、外務省から受け継いだ書類の中に、この時の3人の「添え状」が見つかったことを報じています。また、「添え状」に押されたスタンプから、3人の足跡を確認できるとし、保谷徹東大教授の「具体的な証拠が出てきたのは非常に面白い」というコメントを載せています。

尾崎俊蔵の添え状(佐賀新聞)／洋装と和装の尾崎俊蔵※

「添え状」は、通過する諸国に3人の保護を頼み、諸施設等の見学の便宜を依頼するものだったのですが、海老名の旅行記の中の「清水公(昭武)に御暇を乞い、御薬を頂戴、また各国重役への書簡を貰い、かつ台場、製造所等の見学可能な様認め貰って出発す(注:下線は

晃人)」の「認め」が「添え状」です。

　海老名らは、パリでフランス語の速習をし、1867年（慶応3）7月、諸国巡歴に出ています。海老名は、パリ万博やフランスの実情の記述に加えて、4ヶ月間に渡って巡歴した、シュース（スイス）領ゼナーウ（ジュネーブ）、イタリア、シュース（スイス）領ベルン、バビール国（ギリシャ）、エジプト、ヨーステンレーキ（オーストリア）、ロシア、プロシア（ドイツ）、オランダ、ヘルジム（ベルギー）、イギリスの風土・政治・産業・教育等を詳細に記述しています。

　特に面白いのは、日本の普通のサムライ3人がスイスで大統領と面会しているということです（注：同国には当時大統領が複数いました）。また、大統領と宰相が祭りの案内をし、両国の交流発展に対する期待を述べています。もちろん、これは昭武が託した書簡が効を奏したのでしょう。巡歴の詳細については、「参考文献」中の故・玉川芳雄氏の著書を参照されることをお勧めします。

　3人は、1867年（慶応3）10月末、パリに戻りますが、幕府の役人から、予算がなくなったので帰国せよ、と命じられ、同年11月、3人は、帰国の途に就き、12月末、横浜港に着いています。しかし、彼らの留守の間に、日本は大変な事態に陥っていました。

　旧暦の1867年（慶応3）10月14日、大政奉還がなされ、同年12月9日、王政復古の大号令が発せられていたのです。3人は、帰国してそのまま時代の荒波に翻弄されることになります。

　海老名は、すぐ、徳川慶喜らと大阪城に陣取っている、藩主、松平

容保の許へ行き、大晦日、元の大砲隊組頭に命じられています。正月3日、鳥羽・伏見の戦いの火蓋が切られ、海老名も参戦しますが、5日夕には、右足に被弾し、大阪城内の病院に収容されています。

その後、海老名は、傷が癒えないまま江戸を経て、会津に帰り、1868年（明治元）3月、御軍事奉行添役仮役（軍事奉行補佐見習）、同年8月、籠城を決めた鶴ヶ城（会津若松城）で家老を命じられます。

唐津藩の尾崎俊蔵は、幕末の元老中、小笠原長行の側近に戻り、旧幕軍の徹底抗戦を支持する長行に付き随い、会津、仙台、箱館と移動します。尾崎俊蔵は、小笠原壱岐守長行編纂会編『小笠原壱岐守長行』（注：私家版、昭和18年。復刻版は、土筆社、昭和59年）の附録「簿暦」の著者、堀川愼です。「簿暦」には、1868年（慶応4）4月19日（20日か？）、堀川（尾崎）が大野右仲（後述）他1名と白河城（白河小峰城）に入った際に「海老名郡治君にも久敷振に面会す」（575頁）とありますが、海老名、横山とは当地で何度か会った様子です。

なお、この頃約1ヶ月間、唐津勢の実質上の束ね役で河井継之助の親友、大野右仲（すけなか。松川精一）と共に、尾崎は、長岡に出かけ、河井に面会し、同盟の意思確認をし、同時に、戦況視察をしています。途中、会津藩の重役、秋月悌次郎（胤永。薩摩藩の高崎正風と禁門の変を画策。後、一高、五高教師、小泉八雲同僚。勲四等従五位）等とも面談しています。

留守中、5月1日、戦死した白河口副総督、横山主税（享年22歳）について、尾崎は次のように記述（584頁）しています。

去朔日白川（註：白河）城下へ薩、長、大垣五百人計襲来、大苦戦有之、横山主税君討死。是は二ヶ所帯弾猶馬上にて指揮し居りしが、肩先を打抜かれ即死のよし。自分も発放（注：発砲か）せし由、大奮発可称可惜可憐次第也。

また、海老名の父、軍事奉行、海老名季久は、白河口敗戦の責任を取って白河で切腹しています。8月21日には、会津陣営の唐津藩士6人が母成峠（勝軍山）の戦いで戦死し、6人は小笠原家ゆかりの会津若松近郊の大龍寺に葬られています。徹底抗戦を続ける鶴ヶ城で、海老名は、西出丸防衛の指揮を執りますが、夥しい数の砲弾を撃ち込まれ、鶴ヶ城は完膚なきまでに破壊されて、9月22日、落城します。その後の海老名については次項9に記述しています。

8月末、旧幕軍の艦船を奪って北上した榎本武揚艦隊（兵員約2,000人）の船が次々と仙台藩に到着します。しかし、9月20日、仙台藩も降伏し、仙台藩を離脱する星恂太郎率いる、赤い軍服を着た洋式銃兵隊、額兵隊256人（「星恂太郎日記」）や、桑名藩の松平定敬、備中松山藩の板倉勝静、唐津藩の小笠原長行と家来たちは榎本艦隊と共に蝦夷へ向かうつもりでした。しかし、榎本が三公の随員は2～3人に限ると決定するため、三藩の士に動揺が走りますが、土方歳三率いる新選組に入れば乗船できるということで、桑名藩士23人、備中松山藩士8人、唐津藩士24人と、旧幕府伝習隊の30余名が新選組に新規加入し、「箱館新選組」が誕生したのです（各藩の人数は資料により若干異なります）。この時、長行の甥、唐津城主四男、小笠原胖之

助(変名:三好胖)も新選組に加入しています。
　榎本の判断は、指揮命令系統を明確にしておきたい、という考えがあってのことでしょうし、土方には、30人弱に激減していた新選組の梃入れをしたい、という思惑があったのでしょう。榎本は、一応三公に対して礼をもって接しましたが、三公は箱館では側近と共に客分扱いとなっています。もちろん、尾崎は米渓彦作(新井常保。大野右仲の弟)と同様、長行の側近中の側近でしたから、新選組に入ることはありませんでした。
　また、仙台藩の二関源治(照忠)が率いる応援部隊、見国隊(約370人)が箱館に到着するのは1869年(明治2)4月になります。
　なお、輪王寺宮(伏見満宮‐北白川宮能久親王。前著項12)にも、箱館同行の意志がありましたが、奥羽越列藩同盟が瓦解し、名分がなくなったため、周囲が恭順を勧め、それに応じています。
　ちなみに、唐津出身の辰野金吾(東京駅他設計)と共に大建築家となって、三菱系の多数の建物や、慶応大学図書館(国の重要文化財)等の設計をした、当時16歳の曽禰鈔三郎(後、達蔵に改名)は、10歳頃から長行の小姓となり、幕府瓦解後は、唐津城主四男、長行の甥、小笠原胖之助(仙台で三好胖に改名)に随い、唐津藩士8人と彰義隊に入り、上野戦争が1日で敗北すると、仲間と北上し、胖之助や長行の身辺で戦闘を続けています。ところで、曽禰が仙台で新選組に加入せず、箱館に渡っていないのは、当時、曽禰を含む唐津藩士8名は、長行の命で、桑名藩雷神隊に属して、庄内藩陣営の加勢をしましたが、

32

9月27日、庄内藩の降伏と同時に、雷神隊も降伏し、唐津藩士7名（白水良二郎は戦死。寒河江市陽春院埋葬）は捕縛され、東京に送られ、唐津藩に預けられて、1870年（明治3）2月まで、謹慎しています（「簿暦」及び国立公文書館記録）。一方、大野右仲や胖之助（小久保清吉を含む）らも別動隊で新政府軍と戦いましたが、形勢不利で仙台まで退却し、新選組に入ることになったという違いが生まれたのです。
　曽禰は、1871年（明治4）、高橋是清（仙台藩出身。第20代内閣総理大臣）が1年余り指導した、唐津藩の英語学校（耐恒寮）で、辰野金吾（東京駅設計者）、天野為之（早稲田大学第2代学長）らと共に学び、是清の辞任帰京後、曽禰、辰野らは後を追って上京し、後、工学寮（後、工部大学校－東京大学工学部）に入ることになるのです。
　少し遡りますが、旧幕府軍は、北海道上陸後、現地の官軍勢と戦闘を交えますが、1868年（明治元）10月26日、五稜郭を占領し、11月1日、総指揮官、榎本武揚が箱館入りします。新政府軍の本隊は、春まで青森で待機し、1869年（明治2）4月9日、乙部（渡島半島南西端）に上陸を開始します。旧幕軍も一部では良く戦いますが、徐々に追い詰められ、5月11日、新選組の土方歳三は、戦闘中、腹部に被弾して落馬し、即死します。享年34歳。この日、旧唐津藩士、大野右仲は、陸軍軍事奉行並、土方歳三の添役（副官）として第一線で指揮を執っており、土方の死はその日の戦闘後に聞き、嘆き悲しんでいます。旧幕府軍は、土方の死の一週間後、5月18日、投降します。
　榎本は東京で入牢しますが、黒田清隆の助命嘆願があって、旧暦の

明治5年正月、特赦で出獄し、後、逓信大臣、文部大臣、外務大臣等を歴任し、子爵となります。大鳥圭介は、工部大学校校長、学習院院長等を経て、外交官となり、男爵となっています。
　小笠原長行は、五稜郭落城の直前、榎本の了解を得て、元老中首座の板倉勝静と共に英国船を雇って箱館を離脱します。側近、米渓彦作、尾崎俊蔵、前場小五郎（行景）らは「長行アメリカ逃亡」を偽装し、長行を湯島界隈に匿いますが、旧暦明治5年7月、長行は自首し、8月、赦されています。なお、1872年（明治5）12月2日までが旧暦で、翌日から新暦1873年1月1日（明治6）となります。
　1874年（明治7）3月2日、新井常保（米渓）に、太政官から旧唐津藩の佐賀の乱加担者（約120人）の訊問、捕縛を任務とする、長崎の警察官15人を付随させる出張命令（国立公文書館文書）が発令されています（唐津勢に斬罪はなく、懲役3年が3人、2年が1人。佐久間等は除族されますが数年後に復族）。新井の太政官左院十等出仕（月給40円）は同年10月の官員録で確認できます。
　1881年（明治14）1月10日、新井は唐津准中学校長に就任しています。その後、再上京しますが、太政官の廃止で海軍省へ転じ、後、海軍主計学校教授奏任六等中（官員録）となっています。
　尾崎俊蔵（堀川愼）については、諸資料が明治初年半ば以降消息不明としていますが、1874年（明治7）6月、大蔵省記録寮から東京府に、同府貫族、堀川愼の十二等出仕（月給25円）の件で出頭通達の指示（東京都公文書館）があり、1874年（明治7）10月の官員録に「ト

ウケイ　堀川愼」の記載（以後3年間）がありますので、これが尾崎（堀川）と思います。なお、「トウケイ＝東京」ですが、旧諸藩士が住居の都合で東京府貫族となるのは良くあることでした。

　ところで、唐津藩の新選組隊士たちですが、貴公子、小笠原胖之助は、1868年（明治元）10月24日、七重村（現七飯町）の激戦で、9ヶ所の刀傷、左手指3本の切断、腹部、腰部の被弾という状態で戦死（享年17歳。唐津近松寺に墓）し、同日、従者、小久保清吉も銃弾で胸板を撃ち抜かれて戦死しています。

　ちなみに、七重村には、当時、1867年（慶応3）に着手された、横浜クニフラー商会社員のプロシア（ドイツ）人、ライハルト・ガルトネル（弟はプロシア箱館領事館副領事）が開墾中の洋風農場がありました。現七飯町には「ガルトネル・ブナ保護林」があります。

　土方の副官、大野右仲は、1871年（明治4）7月、豊岡県権参事となり、秋田、長野、青森の県警部長、長柄郡、南村山郡、東松浦郡の郡長等を務めています（国立公文書館資料及び官報）。大野は高杉晋作や河井継之助と親交のあった懐の深い快男児でした。

　佐久間退三（銀次郎）は、長州征伐、戊辰戦争、佐賀の乱と、三度退却したことから退三と改名しますが、佐賀県東松浦郡の湊村村長や第二代唐津町長をし、唐津地方の鉄道会社の創業、経営等に関わっています。退三もまた唐津の快男児だったのです。

　前場行景（小五郎,1841-1905。唐津近松寺に墓）は、元唐津藩家老（500石）ですが、箱館戦争の最終局面で新選組から長行のお世話役

に移り、米渓、尾崎らと長行の「箱館脱出」と「海外逃亡偽装」に関与し、後、小笠原家の家令となります。東京と唐津で小学校の先生をしたと言われていますが、実際、東京都公文書館には、1875年（明治8）7月、「仮師範学校生前場行景、第三中学区第一番小学番町学校授業生申付」と、同年11月、「第六番小学平川学校へ転任」と、1876年（明治9）3月、「第十番小学高泉学校二等授業生前場行景依願免職務」の記録があります。「授業生」は「代用教員」です。佐賀でも『佐賀県教育史 第4巻』の「学校監視表（明治11年）」（512頁）に「佐志 前場行景 就学生徒28 就学出席生徒平均20」の記述があります。元唐津藩家老、元箱館新選組隊士の前場行景は旧唐津藩域の佐志小学校の先生になったのです。

参考：長崎県唐津伝習所小学科伝習卒業証書・表と裏/個人蔵

前場は、1875年（明治9）頃に帰郷し、「長崎県唐津伝習所（教員養成所）」に入ったかどうかは不明ですが、当時の唐津の状況を知るために参考写真を掲載しました。実は、この時期、佐賀県はなかったの

です。佐賀県域は、1875年（明治9）、三潴県と合併になり、同年中、三潴県の廃止で長崎県に吸収合併されていたのです。もちろん、佐賀の乱が影響しているのでしょう。佐賀県が長崎県から分離独立するのは「1883年（明治16）5月9日」のことです。

　話を戻しますが、鳥羽多喜松（印具馬作）は戦死した胖之助を前場（？）と担いで陣営に戻った男です。維新後、親戚の養子に入り帆足徹之助となりますが、1870年（明治3）2月、永蟄居が、翌年3月、謹慎が解かれます（国立公文書館記録）。松代松太郎著『東松浦郡史』には、1874年（明治7）、帆足は長崎の豪商、氷見伝三郎と共に唐津地方初の蒸気機関を使った炭鉱経営をしたとあります。帆足（印具）も話題の多い人物です。

　やや筆が走り過ぎましたが、幕末、一緒に欧州巡歴をした海老名郡治、横山主税、尾崎俊蔵の三者三様の"ドラマ"と共に、周辺の人々にも素通りできない"人生劇場"があったためです。（晃人）

＜参考文献＞・玉川芳男「海老名季昌日誌解読資料Ⅳ　会津の志士欧州を行く　徳川昭武に随行、フランス遊学修行の旅日記」、『海老名季昌・リンの日記』歴史春秋社、2000年、
・松代松太郎『東松浦郡史』久敬社、大正14年（国会図書館）
・佐賀県教育史編さん委員会『佐賀県教育史　第4巻』佐賀県教育委員会、1991年
・杉浦譲『杉浦譲全集　第2巻』杉浦譲全集刊行会、1978年、
※尾崎俊蔵の写真は上掲書からの引用。

◇9 海老名リンとフレーベル式若松幼稚園（会津若松市）

　本項の主役、海老名リンは、1849年（嘉永2）3月、100石の会津藩士、日向新介の家に次女として生まれています。リンは、当時の武家の娘と同様に、7歳の時から読み書き和歌を学び、13歳頃から裁縫と作法を習っています。

　17歳の時、リンは前項で触れた、海老名郡治（季昌）と結婚しています。元家老の郡治は、罪を赦されて、東京から斗南の家族の許へ帰りますが、斗南に着いて、あまりの惨状に言葉を失った、と語っています。名目3万石の地は実質7,000石で、そこに1万数千名が移住したのですから、生活が成り立つはずもなく、あばら家で餓死し、凍死する者さえいたのです。その惨憺たる状況の中で、郡治の妻、海老名リンは、いつか必ず会津の人々のために一身を捧げるようなことをしたい、と思うようになります。

　そんな海老名一家も、郡治が青森県に採用されて、一息つきますが、人々の羨望や嫉妬が絶えないため、郡治は仕事を辞め、上京し、芋屋の2階に間借りして、細々と漢学を教えます。リンも裁縫の内職をしますが、収入は二人合わせて月7円ほどで、郡治の弟の入学費用やリンの父の砲弾片摘出手術の費用を得るため、1875年（明治8）、郡治は警視庁の警部補（月俸12円）に就きます。

　このことを機に、郡治は、薩摩閥の三島通庸にその経歴、能力が買われ、翌年、三島が山形県令になると、同県に呼ばれ、警部補を経て、

1878年(明治11)、西村山郡の初代郡長(月俸40円)になり、三島が福島県令に転じると、郡治も信夫郡長(月俸60円)、北会津郡長(月俸90円)となり、一家の生活にも余裕が出てきます。

　1885年(明治18)12月、三島が警視総監に就任すると、翌年10月、郡治も呼ばれて上京し、警部、警視属、用度課長等に就きますが、1888年(明治21)10月、三島が在職のまま亡くなると、郡治も、1890年(明治23)8月頃、職を辞しています。

海老名リン

　郡治(季昌)が警視庁警部になりますと、リンと娘のモトも少し遅れて上京します。しかし、この再上京を機に、リンはキリスト教に急接近するようになり、リンの回想によりますと、1888年(明治21)3月3日、受洗しています。郡治は、欧州の文明の発達ぶりに感心した男でしたが、妻のキリスト教信仰は許すことができず、ある夜、リンに棄教を迫り、棄教しなければ切り殺すと脅迫しますが、娘、モトが泣いて間に入って、その日はことなきを得たという実話も残っています。郡治に限らず、当時はまだ「キリスト教＝邪教」と見なす人々が多かったのです。

　まさに突然目覚めたリンは、信仰だけでなく、婦人解放、平和、禁酒を主張する東京婦人矯風会に加入し、1890年(明治23)、浅井さくが会頭の時、会計を務め、1891年(明治24)、矢島楫子が会頭に返り

咲くと、副会頭（1名）に就任しています。リンはあっと言う間に東京婦人矯風会のナンバー2となったのです。

　リンの周辺には、魅力的で戦闘的な矯風会の女性たち、矢島楫子（社会事業家。女子学院院長）、湯浅初子（社会事業家。幼稚園経営者。徳富蘇峰、蘆花の姉。夫は同志社や義弟、蘇峰の経済的支援をした事業家・政治家で、新島襄の同士、湯浅治郎）、徳富久子（社会事業家。楫子の姉。初子、蘇峰、蘆花の母）、荻野吟子（社会事業家。試験による女医第一号）、古市静子（荻野吟子の親友。幼稚園園長）、浅井さく（社会事業家）、潮田千勢子（社会事業家。田中正造に協力し、楫子らと足尾銅山鉱毒地救済婦人会を組織）、佐々木豊寿（社会事業家）、横井玉子（教育者。女子美術学校の創立者）、若松賤子（会津若松出身の教育者。『小公子』の翻訳者。明治女学校創立者の巌本善治夫人）等々がいたのです。

　特に、楫子の女学校や、初子や静子の幼稚園を見聞きする中で、リンには、自分の進むべき道がはっきりと見えてきたようです。

　新島襄の急死で、初子の夫、湯浅治郎が同志社経営に関わることになり、1891年（明治24）5月22日、一家で京都に移転する際に、幼稚園経営に関心のあったリンに、初子は榎坂幼稚園の机、恩物等を無償で譲りますが、急な話でリンは準備に手間取っています。

　リンの記録には園名を「共立幼稚園」あるいは「芝麻布共立幼稚園」と名付けたとしていますが、近藤濱が数年前まで勤務していた「芝麻布共立幼稚園」に間借りしたものかと思われます。

園児は4名でスタートし、ほどなく10数名にまで増えたようですが、リンには保姆の資格がありませんから、勝海舟の孫、疋田輝子を保姆として採用しています。

　しかし、故郷に幼稚園を設置したいリンには、保姆資格の取得は必須でしたから、幼稚園は人見よね子（熊本の碩台幼稚園の元保姆か）に譲って、43歳で近藤濱の近藤幼稚園保姆練習所に入っています。

　写真は若松幼稚園（第一、第三園長、玉川祐嗣氏。第二園長、上嶋啓子氏）が保存している練習科卒業證と練習科時代の作品です。リンは、東京女子師範学校附属幼稚園で豊田芙雄と共にわが国最初の幼稚園教育を実践した近藤濱の下で10ヶ月間の研修を受け、1892年（明治25）9月、保姆練習科を卒業したのです。

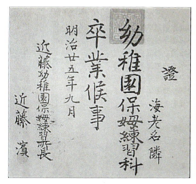

卒業証/若松幼稚園蔵

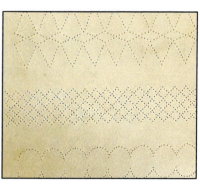

20恩物の一つ「刺し紙」/若松幼稚園蔵

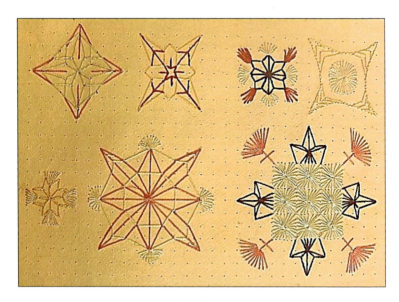

20 恩物の一つ「縫い取り」／若松幼稚園蔵

故郷に帰ると、郡治は、1897年（明治30）、若松町長となり、市制実現に尽力し、1899年（明治32）、若松市が誕生しています。

1893年（明治26）4月4日、リンは、念願の私立若松幼稚園を創立します。文部省の『幼稚園教育百年史』は、1893年（明治26）の同園の保育時間割表を掲載（74～75頁）していますが、この頃になると、各地で保育内容の簡易化もなされ、実際は、同園でも柔軟な取り組みをしたようです。いずれにしろ、リンは会津若松の幼児たちのために、ドイツのフレーベル精神による幼稚園を開いたのです。

園児は、発足時8名、5月12名、6月22名と順調に増え、間を置かず42名となっています。保育料は安く月15銭でした。リンの他に

保姆見習い、野矢かね子がいましたが、月給は1円80銭でした。
　赤字経営にもかかわらず、リンは意欲的で、1894年（明治27）4月、第一分園を設けています。これが現在の若松第二幼稚園です。さらに、1905年（明治38）10月23日、第二分園を開園していますが、これが現在の若松第三幼稚園です。

若松幼稚園第一回生/若松幼稚園蔵

第一分園（栄町時代）/若松幼稚園蔵

また、リンは、女学校を設立したいという希望を持っていましたが、1893年（明治26）7月12日、幼稚園の建物の片隅に、ついに小規模の私立若松女学校を設立しています。教員は、東京において月俸7円で裁縫教師をしていた山内くにが、故郷の学校ならばと、月給3円で引き受けています。最初の生徒は4名で、備品・用具は裁板と物差、鋏のみでした。しかし、リンは意気軒高で次のような宣言をしています。

　我若松の如きは県下の大市にして、会津尋常中学校なるものありて、男性の為に設けられて既に久し。然るに未だ嘗て女子のために何等の計画あるを聞かず。これ実に男性に厚して女子に薄しというべし。豈地方の欠点ならずや。この故に我等微なりといえども、自ら力を度るに暇あらずして、若松女学校を興す所以なり。その目的とするところは、徒に空理に馳するが如きを避け、勉めて有用の学を授け良妻賢母たるに適する女性を陶冶し、兼ねて地方女性の弊風を掃蕩し、女性たるの品位を進め、東洋古来の国粋と西洋近時の神髄とを、併せ有せしめんことを期するにあり。
　願くは地方にある厳父慈母諸君が、その愛する娘嬢をして普く学に就かしめ、以て彼自身の天賦の才能地位を発見せしめ、彼自身の生涯をして幸福なるものたらしめられんことを。（晃人注：古くは「彼」は男女ともに使用されていました）

　何と言ってもリンは矯風会の戦士です。女学校を興して、地方女性の弊風を一掃し、空理空論に走らず、生活に役立つ知識、技術を身に

付けさせ、東洋、西洋の美点を兼備した品格のある女性を育てたいというのです。リンが設立した女学校は、その後、私立会津女学校となり、1903年（明治36）、会津市立女子技芸学校となり、1909年（明治42）5月1日、県立会津高等女学校（後の福島県立会津女子高等学校、現福島県立葵高等学校）となっています。

　1897年（明治30）頃から、リンは病床に伏すことが多くなりますが、寒さの厳しい冬場は、夫の勧めで京都、徳島、岡山、広島などへ療養に出かけています。京都で旧友、湯浅初子と再会した折には次のような歌を詠んでいます。

　　　うづみ火のもとに語りてあたたかき
　　　　　友の心を知るぞうれしき

　リンは、1909年（明治42）4月20日未明、戦乱と貧困と信仰と婦人解放と教育と病気と苦闘した生涯を閉じました。享年61歳。リンが切望していた普通女学校、県立会津高等女学校の開校は10日後のことでした。リンは、会津の人々に一身を捧げたい、という若き日の夢を、郷里に幼稚園と女学校を創ることで果たしたのです。（晃人）

＜参考文献＞・文部省『幼稚園教育百年史』ひかりのくに（株）、昭和54年
　　　　　　・玉川芳男「海老名季昌日誌解読資料Ⅳ　会津の志士欧州を行く　徳川昭武に随行、フランス遊学修行の旅日記」、『海老名季昌・リンの日記』、歴史春秋社、2000年
　　　　　　・学校法人若松幼稚園編集『学校法人若松幼稚園創立百周年記念誌』創立百周年記念大会実行委員長　宮崎長八、1993年

◇10 旧川崎貯蓄銀行佐倉支店（千葉県佐倉市）

○旧川崎貯蓄銀行佐倉支店（現佐倉市立美術館エントランスホール）
- 佐倉市新町 210/最寄駅：京成佐倉駅 徒歩 8 分、JR 佐倉駅 徒歩 20 分
- 竣工：1918 年（大正 7）/煉瓦造り 2 階建て外壁タイル張り腰壁石張り
- 設計：矢部又吉/開館：10:00 - 18:00 入館料：無料（特別企画展有料）
- 休館：月曜と祝日の翌日と 12/28-1/4 千葉県指定有形文化財（建造物）

旧川崎貯蓄銀行佐倉支店 2017.11.9

　この建物の設計者、矢部又吉（1888-1941）は、本著項 14、39 でも触れていますが、川崎貯蓄銀行本店だけでなく各地支店の設計をしています。矢部は、1906 年（明治 39）、渡欧し、ドイツの大学で学び、長い滞日経験のあるゼールにも師事しています。この建物はドイツ・ルネサンス風ですが、上部の装飾等は分離派風です。（晃人）

＜参考文献＞・NICHE 編『工手学校-日本の近代建築を支えた建築家の系譜-工学院大学』彰国社、工学院大学建築学科同窓会、2012 年

◇11 順天堂塾跡：近代医学源流の一つ（千葉県佐倉市）

〇旧佐倉順天堂（佐倉順天堂記念館）
- 佐倉市本町81/最寄駅：京成佐倉駅 徒歩20分、JR佐倉駅 徒歩30分
  京成佐倉駅からバス酒々井・成田方面行き「順天堂医院」下車すぐ
- 開館：9:00-17:00/休館：月（月が祝日の場合は翌日）、12/28-1/4
- 入館料：一般100円 児童・学生50円（小中学生は土曜日無料）
- 建物を含む「旧佐倉順天堂」を千葉県史跡に指定

旧佐倉順天堂（玄関部分だけが当時のもの）2017.11.9

　写真は蘭医学塾佐倉順天堂跡ですが、ここの展示品にはドイツの外科医、ストロイエルの蘭語訳から邦訳した『外科医法』等もあります。塾生はオランダ医学を通してドイツ医学も学んでいたのです。
　維新後、薩摩藩や土佐藩出身の新政府首脳陣を論駁し、わが国にドイツ医学の導入を決定したのは、順天堂でも学んだ相良知安（医学校取調御用掛。旧佐賀藩医。第一大学区医学校校長、文部省医務

局長等を経て罷免され、辻易者になります）と岩佐純（医学校取調御用掛。旧福井藩医の子。学制起草委員12人の一人。後、一等侍医、宮中顧問官を経て、男爵になります）です。

相良と岩佐は、順天堂の第2代堂主、佐藤尚中（初代堂主、佐藤泰然の弟子、養子。大学東校初代校長）や相良元貞（相良知安の弟。早世）、長谷川泰、佐々木東洋等を医学校教員として呼び寄せ、池田謙斎、大沢謙二、相良元貞らを官費によるドイツ留学生に推薦しています。

また、幕末、家茂、慶喜の御殿医を務め、新選組と関係のあった松本良順（初代陸軍軍医総監。男爵）も、初代堂主、佐藤泰然の次男で順天堂に連なる医師です。良順は、旧幕府軍に伴って奥羽を転戦後、横浜に潜伏しますが、わざわざ罪状を宿の外壁に掲示して、捕縛されています。しかし、良順は重罪に問われることはなく、すぐに新政府に雇われます。

現在、医学部、スポーツ健康科学部、医療看護学部、保健看護学部、国際教養学部を擁する順天堂大学は、もちろん、佐倉順天堂を源流とする大学です。

大きな功績を残しながら不運な生涯を送った相良知安については、本著項52、53、54、55をご参照ください。（晃人）

＜参考文献＞・日本医史学会、国立歴史民俗博物館 編『佐倉順天堂：近代医学発祥地』日本医史学会、2012年

◇12 ツェッペリン伯号の飛来（千葉県霞ヶ浦市）

　戦前、ドイツの巨大な飛行船「ツェッペリン伯号 (Graf Zeppelin)」が日本に飛来したことはご存じの方も多いと思います。同号が世界一周の途中、霞ヶ浦海軍飛行場に着陸したのは、1929年（昭4）9月18日のことですが、同号の雄姿を見ようと30万人の人々が押し寄せたと言われています。「ツェッペリン伯号」は、全長236.6m、最大容積10万5千m³ですから人々が好奇の目を向けるのも当然だったのです。浮力に水素ガス、動力にブラウガスが使われていました。

当時の絵葉書から「巨大な姿」/晃人蔵

当時の絵葉書から「豪華な客室」/晃人蔵

　ただ、大型で豪華な飛行船は、1937年（昭和12）5月6日、米国のニュージャージー州レイクハースト飛行場で、ドイツの硬式飛行船「LZ129 ヒンデンブルク号（Hindenburg）」が大爆発を起こし、乗員・乗客35名と地上作業員1名の犠牲者を出したことをきっかけに、安全性に不安が生じ、大型飛行船時代の終焉を迎えることになります。霞ケ浦の自衛隊基地内に飛来記念碑がありますが、道路から見ることができるようです。（晃人・まき）

＜参考文献＞・「絵葉書　偉大なる空の國賓　ツェッペリン伯號」岡田精弘
　　　　　1929（昭4）/晃人蔵

◇13 皇居の二重橋鉄橋化とドイツ（東京都千代田区）

　下の図の手前の石橋を「二重橋」と言うのは正確ではなく、本来の「二重橋（正門鉄橋）」は石橋の奥の方の橋です。ただ、明治の中頃にはすでに石橋を「二重橋」と称することもあって、両橋の総称として「二重橋」と言われることもあります。

明治23年の二重橋の図

　本来の二重橋は、木の二重の橋で、上を将軍、下を諸大名が通りました。1888年（明21）3月26日、鉄橋化（現在の橋は昭和39年製）されましたが、前著で触れたように、大阪の三鉄橋と同時にドイツで鋳込まれています。設計は工部大学校出身の久米民之助です。クニフラー商会（後のイリス商会）が輸入の手配をしています。（晃人）

＜参考文献＞・『東京名勝独案内』豊栄堂、明治23年、p.20
　　　　　・ⓘ president.jp/articles/-/404/ （2017.4.3現在）

◇14 旧川崎貯蓄銀行富沢町支店（東京都中央区）

○旧川崎貯蓄銀行富沢町支店（現ハリオグラス株式会社本社ビル）
・都中央区日本橋富沢町 9-3/日比谷線、浅草線 「人形町」徒歩 6 分程度
・竣工：1932 年（昭和 7）/設計：矢部又吉（不詳とする説も）
・鉄筋コンクリート造り 地下 1 階地上 3 階/国登録有形文化財

旧川崎貯蓄銀行富沢町支店 2017.11.8

　矢部又吉(1888-1941)は、義父が川崎財閥系企業の重役だった関係で、同銀行本店や各地の支店の設計をしています。竣工時の写真では地上 2 階建てです。3 階部分は増築であることが明瞭です。矢部は、工手学校（現工学院大学）卒業後、1906 年（明治 39）、渡欧し、ドイツに留学しています。これもドイツ・ルネサンス風の建物ですが、装飾などに分離派の影響も見られます。（晃人）

＜参考文献＞・NICHE 編『工手学校 - 日本の近代建築を支えた建築家の系譜 - 工学院大学』彰国社、工学院大学建築学科同窓会、2012 年

◇15 吉田鉄郎と東京中央郵便局旧庁舎（東京都千代田区）

○東京中央郵便局旧庁舎
・東京都千代田区丸の内二丁目 7-2
・アクセス：JR東日本、東京メトロ丸ノ内線「東京駅」徒歩1分
・設計：吉田鉄郎（逓信省営繕部）/鉄骨鉄筋コンクリート造り
・開業：1933年（昭和8）

東京中央郵便局旧庁舎/戦前の絵葉書

　東京中央郵便局旧庁舎は、吉田鉄郎（1894-1956）の設計ですが、1933年（昭和8）、竣工直後に来日した世界的な建築家ブルーノ・タウト（Bruno Julius Florian Taut, 1880-1938）は、この建物をモダニズムの傑作と絶賛しています。現在、この建物は東京駅丸の内口を出てすぐ左に前面部が部分保存されていますが、聳え立つ超高層JPタワーの低層部として配下の如く控えているのを見ると胸が痛みます。
　全面保存か、再開発かを巡っては、激しい議論があって、日本建築学会、日本建築家協会、文化諸団体、超党派国会議員団をはじめ、一

時は総務大臣、文科大臣まで全面保存を主張したのですが、2009年（平成21）3月3日、日本郵政は計画強行を表明しています。

外来文化を消化、吸収し、新たな創造をするというのが、日本人の美点だったし、お家芸だったはずですが、「われらが愛する日本人」はしばしば先人の苦闘の跡を無視するのです。

吉田鉄郎は、1919年（大正8）、東京帝国大学建築学科を卒業し、逓信省営繕課に入りますが、ドイツの表現主義や北欧の建築家、エストベリなどの影響を受けています。

吉田の作品には、東京中央郵便局旧庁舎の他に、本著項32の旧山田郵便局電話分室（現フランス料理レストラン、1923年）、本著項33の旧京都中央郵便局上分局（民間転用、1924年）、旧検見川無線送信所（破損放置状態、1926年）、旧京都中央電話局（再々開発中、1926年）、項58の旧別府郵便局電話分室（現別府市南部児童館、1928年）と旧別府公会堂（現別府市中央公民館、1928年）等がありますが、完全に失われたものも少なくありません。なお、数年前、大阪中央郵便局旧庁舎も解体されました。

吉田は、日本の建築や庭園に関するドイツ語による著書三部作など、著述活動にも積極的だったことでも知られています。（晃人）

＜参考文献＞・日本建築学会「日本建築学会の東京中央郵便局庁舎、大阪中央郵便局庁舎に対する歴史的価値に関する見解」、2009年3月11日

◇16 白井晟一と二つの美術館（渋谷区/静岡市）

　渋谷区の松濤美術館と静岡市の芹沢銈介美術館は、異能の建築家、白井晟一が設計しています。白井は、1905年（明治38）、京都に生まれ、京都高等工芸学校（現京都工芸繊維大学）で学び、後、ドイツに渡り、6年程、ハイデルベルク大学、ベルリン大学で哲学を学ぶと共に、ゴシック建築に親しんでいます。松濤美術館は、1978年（昭和53）、竣工し、翌々年の5月開館しますが、鉄筋コンクリート造りで、地下2階地上2階建てで、中心部に外光を採る大きな楕円形の吹き抜けを持ち、吹き抜けの底部には水を湛えた池があって、噴水があります。吹き抜けを巡る柱はゴシック建築の蔟柱を思わせます。

　　松濤美術館正面 2017.3.4　　　　内部吹抜け部分 2017.3.4

　登呂遺跡内にある芹沢銈介美術館（石水館）は、鉄筋コンクリート造り銅板葺平屋建てで、中央部分に池と噴水があります。二つの美術

館は、白井の最晩年期の設計で共通して石、木、水を用いています。石水館は、建設省の公共建築100選に選ばれています。白井は、この美術館竣工の前年、日本芸術院賞を受賞し、1983年（昭和58）11月22日、京都嵯峨野で逝去します。享年78歳。（晃人）

芹沢銈介美術館一角/2017.3.28/隣の博物館3Fから 2017.3.28

芹沢銈介美術館中庭噴水（撮影許可済） 2017.11.7

＜参考文献＞・白井晟一他『白井晟一、建築を語る 対談と座談』中央公論社、2011年

◇17 ドイツ製の昌平橋架道橋(御茶ノ駅近隣)

　昌平橋架道橋(神田須田町一丁目・神田淡路町一丁目)は、御茶ノ水駅から徒歩5分程のところにあります。上を走っているのは中央本線です。施工は1908年(明治41)ですが、製品のプレートには1904年(明治37)ドイツのハーコート(Harkort' sche Fabrik)製と刻まれています。

　明治、大正、昭和、平成と、長年、じっと耐えて、架道橋として役立っています。

ドイツハーコート社製の昌平橋架道橋 2017.3.5

下から見た架道橋 2017.3.5

　一般に、鉄道は、北海道はアメリカ方式、本州はイギリス方式、九州と四国はドイツ方式で着手され、その後、各地区で、諸方式が混在するようになっています。実際、前著で触れたドイツ人鉄道技師、ルムシュッテルは、九州の仕事を終えた後は、東京の高架鉄道事業に携わり、山手線環状化を提案しています。その事業を引き継いだのもドイツ人技師、フランツ・バルツァー（Franz Baltzer, 1857-1927）です。首都圏鉄道網の計画はドイツ人が協力したのです。そのモデルは「ベルリン」だったようです。（晃人・まき）

＜参考文献＞・贄田英世・鈴木博人・成嶋健一「パックルプレート桁の歴史と形態的特徴について」土木学会第54回年次学術講演会、平成11年
　　　　　・① library.jsce.or.jp/jsce/open/00035/1999/54-4/54-40510.pdf

◇18 聖橋と山田守（御茶ノ水駅近隣）

○聖橋（長命化工事中、2017秋現在）
・東京都千代田区駿河台4 /最寄駅：JR「御茶ノ水」徒歩1分
・竣工：1927年（昭和2）/鉄筋コンクリート造り
・デザイン：山田守/構造設計：成瀬勝武/東京の「著名橋」指定

戦前の絵葉書「聖橋」/晃人蔵

　この橋は、関東大震災後の震災復興橋です。名称は公募され、北の湯島聖堂と南のニコライ堂の両聖堂を結ぶ橋ということで「聖橋」と命名されました。デザインは本著項48で触れている、分離派、表現派建築で知られる山田守です。後年の武道館や京都タワーの大胆な設計も、山田が若い頃表現派だったことを考えると納得できます。
　なお、2017年秋現在、この橋は長命化工事中で見ることができませんので戦前の絵葉書を使いました。（晃人）

<参考文献>・建築家山田守展実行委員会編『建築家山田守作品集』東海大学 2006年

◇19 ヘーンと明治中葉の警察（墨田区三囲神社）

○普国警察大尉ヘーン君表功碑・副碑（三囲神社内）
- 東京都墨田区向島2-5-17
- 最寄駅：東部スカイツリーライン「とうきょうスカイツリー駅」出口1 徒歩8分
- 建立：1894年（明治27）11月、副碑：1940年（昭和15）9月
- 表功碑：山県有朋 篆額／清浦奎吾 撰文

ヘーン君表功碑/左下が副碑 2017.11.8

　わが国の近代警察制度を確立するために、警察幹部養成機関の設置を建議したのは、当時の内務卿、山県有朋（第3代、第9代総理大臣）ですが、山県の建議は受け入れられ、1885年（明治18）4月、警官練習所（警察大学校の前身）が赤坂区葵町三番地に開校しています。学生は全国各地の警部、警部補から選抜され、集められました。

この学校の教官として、山県と当時の警保局長、清浦奎吾（第23代総理大臣）は、プロシャ（ドイツ）警察大尉ウィルヘルム・ヘーン（Heinrich Friedrich Wilhelm Hoehn, 1839-1892）と部下のエミール・フィガセフスキー（Emil Figastewski）を招聘しましたが、ヘーンは警察の規律、所管の範囲、事務取扱いなどを指導し、わが国警察の近代化を進め、「日本警察の父」と言われています。また、ヘーンは、全国の警察署を視察し、綿密な実情報告と良否の指摘をしています。警官練習所は、5年間で553名の卒業生を出しましたが、1889年（明治22）、財政的事情により閉鎖され、ヘーンは、その後1年間内務省顧問を務めています。国立国会図書館の官報や国立公文書館の文書によりますと、1889年（明治22）12月、ヘーンには勲四等旭日小綬章が授与されますが、清浦の撰文には、次いで、勲三等瑞宝章が授与されたとあり、記録も残っています（官報）。

　ヘーンは、帰国後、ベルリン府警察方面監督を務めますが、1892年（明治25）、病没しています。1894年（明治27）11月建立の「ヘーン君表功碑」は、当時枢密院議長で陸軍大将の山県有朋が篆額をし、当時司法次官の清浦奎吾が撰文をしています。1940年（昭和15）の副碑は元々の碑の洗浄と整地および再顕彰の碑です。（晃人・まき）

＜参考文献＞・ヘーン（他）著『警察講義録』警官練習所蔵版、博聞社、明治19年
　　　　　・内務省警保局『警察研究資料』、1925年
　　　　　・L.デューダーライン著/クライナー・ヨーゼフ・田畑千秋 共訳『ドイツ人のみた明治の奄美』、ひるぎ社、平成4年

◇20 独逸公使兼白耳義公使時代の西園寺公望と豊田芙雄

　西園寺公望は、日本の公家で、文部大臣兼外務大臣、再度の文部大臣、総理大臣、再度の総理大臣を経て、「最後の元老」として、昭和初期まで政界に大きな影響を与え続けました。

豊田芙雄

　豊田芙雄は、水戸藩有数の藩士、桑原幾太郎を父とし、吉田松陰、西郷隆盛らが心酔していた藤田東湖の妹、雪を母として、幕末の水戸に生まれています。開国派の夫、豊田小太郎(豊田天功の嫡男)が、京都で暗殺されると、夫の遺志を継ぐべく水戸で教育者の道を歩み始めますが、1875年(明治8)11月、東京女子師範学校(現お茶の水女子大学)の発足と同時に、同校教師として抜擢され、翌年、附属幼稚園が設置されると、日本人初の幼稚園保姆として兼務し、ドイツ人、松野クララから直接フレーベル式保育を学び、わが国幼稚園教育の導入期に不滅の功績を残した女性です。

　また、その後は、明治、大正、昭和に渡って、女子教育の先駆者として活躍しています。上の写真(高橋清賀子家文書)は、保姆時代の豊田芙雄です。

　西園寺と豊田が出会うことは、通常なら、あり得ないのですが、実は、二人は明治20年代初頭、ローマで出会っています。1887年(明治20)10月6日、豊田は、横浜を出航し、イタリア全権公使、徳川篤敬

の聡子夫人のお相手役兼文部省の欧州女子教育調査者としてローマにいましたが、ドイツ兼ベルギー公使の西園寺は、時々、篤敬を訪問しましたので、二人が出会う機会も生まれたというわけです。

ローマで、豊田は西園寺や徳川一家と一緒に、教皇に謁見する機会もあって、「法王様のお足」にどう口づけするのか案じますが、西園寺から「口づけしなくていいよ。ただ法王の足を両手で戴くだけでいいよ」と言われ、そのようにしたという逸話も残っています。

聡子夫人が懐妊したため、渡航後2年余りで、豊田は、同夫人と共に帰国し、東京府高等女学校で「家政科漢文作文幼稚園保育法ヲ教授」するようになりますが、1894年（明治27）10月には、念願の私学「翠芳学舎」を開設しています。学校の命名者は、従兄で藤田東湖の嫡男、藤田健です。この学校の経営は順調でしたが、突然、上から強い「要請」が舞い込み、豊田は再び人生の岐路に立つことになります。

栃木県では、1875年（明治8）10月、栃木女学校（栃木県高等女学校 - 現栃木県立宇都宮女子高等学校）を創立しますが、発足以来、経営不振で、1894年（明治27）1月、県知事となった佐藤暢（旧薩摩藩出身）は、強力な指導者の派遣を政府に懇願したのです。その結果、当時の文部大臣、西園寺公望が、旧水戸藩当主、徳川篤敬に「豊田を栃木にやってくれぬか」ということになったのです。

豊田は、翠芳学舎を続けたかったのですが、時の文部大臣と徳川家当主の直々の要請を断ることはできませんでした。豊田は、同校の教

頭格(兼同県尋常師範学校 教諭/月俸30円)で赴任しますが、県知事、佐藤暢がわざわざ駅頭で出迎えるという「破格の扱い」でした。

1895年(明治28)4月、豊田は着任しますが、同校の沿革史によると、前月の在籍者数は僅か39名ですが、1900年(明治33)3月の在籍者数は327名に達しています。豊田の優れた手腕が窺えますが、1901年(明治34)2月、郷里の水戸から新たな強い要請があって、茨城県高等女学校教諭兼同県尋常師範学校教諭へと転じています。

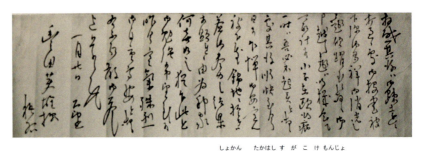

西園寺公望から豊田芙雄への書簡(高橋清賀子家文書)

上の書簡は、豊田の問い合わせに対する西園寺の返信ですが、西園寺は、自らの過去の病のことなどにも触れながら、豊田の栃木での活躍ぶりを喜んでいます。

<参考文献>・サンデー毎日編『生きてゐる歴史』教材社、昭和15年
・前村晃(執筆者代表)・高橋清賀子・野里房代・清水陽子『豊田芙雄と草創期の幼稚園教育』、建帛社、2010年
・大洗町幕末と明治の博物館編『日本人初の幼稚園保姆 豊田芙雄〜幼児・女子教育に捧げた97年の生涯〜』大洗町幕末と明治の博物館、平成24年

◇21 古市静子とフレーベル式駒込幼稚園（品川区大井他）

　古市静子は、1880年（明治13）、鹿児島幼稚園で豊田芙雄の助手となったことから、紆余曲折を経た後、保育者として独り立ちし、1886年（明治19）11月末、フレーベル式の私立駒込幼稚園（後の沖静幼稚園。現うさぎ幼稚園）を設立した女性です。

　古市は、幕末、種子島に生まれますが、幼少期から特別勉強好きな女性として育ちました。眼病治療で、父と長崎の名医を訪ねた際に、鹿児島藩の前田正名（フルベッキに師事、後、仏留。官僚、殖産興業政策に功労。貴族院議員。男爵）と出会い、鹿児島の前田家の子女の家庭教師になって、新たな道が開かれます。1869年（明治2）、官を辞し、鹿児島に帰郷していた森有礼の私塾で、英語を習うことになったのです。翌年、森は、政府の命で再上京しますが、古市は、1873年（明治6）11月、上京し、森有礼邸に住んでいます。

　1877年（明治10）春、静子は30歳で東京女子師範学校に入学しますが、1879年（明治12）、肺病で退学しています。同年11月、父危篤の知らせがあり、古市は森から旅費を貰って種子島に帰っています。

　ちょうどその頃、鹿児島には、恩師の豊田芙雄が、鹿児島幼稚園創業のため長期出張中でしたので、古市は、豊田の助手となり、起居を共にしています。豊田の帰京後も、後を追うように上京し、再び元旗本屋敷で豊田と暮らしています。古市は、1882年（明治15）1月、ここで時習黌校（時習女学校）を設立します。

時習黌校設立申請願部分/東京都公文書館

　1884年（明治17）、古市は、桜井女学校（矢島楫子実質経営）の附属幼稚園で「受持」と校費生の「監督」に就任しています。矢島が豊田芙雄に掛け合って決まった人事と思いますので、同年4月、古市は豊田を訪問し、同園就任の報告をしています（豊田芙雄日誌）。

　古市静子は、1886年（明治19）11月27日、マリア・ツルーの後援もあって、新栄教会の本郷東片町講義所内に駒込幼稚園を設立し、園児5名で保育をスタートしています。ただ、この時期の東京府の書類管理の不備で、設立趣旨、保育内容等は不明ですが、関係者の手記等によると、基本はドイツのフレーベル主義保育だったようです。

駒込幼稚園設立の数年後、古市の身辺には三つの大きな出来事が発生しています。一つは、1889年（明治22）2月11日、大日本帝国憲法発布の記念式典の日に恩師、森有礼文部大臣が暴漢に襲われ、翌日死亡するという事件です。静子は回想録で「私の身にとりたとへ様のなき失望のドン底へ落とし入れられました」と述べています。

　二つ目は、1890年（明治23）6月3日、隣家から出火し、園舎及び持ち物全てを焼失したという災難です。そのため、駒込幼稚園を、本郷龍岡町麟祥院内に移し、冲静幼稚園と改称しています。

　三つ目は、同年12月、弓町本郷教会の牧師、横井時雄（小楠の長男）の媒介で、画家の吉村幸次郎と結婚したことです。古市静子43歳の時のことです。しかし、幸次郎が快復の見込みのない精神的病に倒れますので、古市は新たな試練を背負うことになります。古市は、1899年（明治32）8月、同園の評議員で元文部次官、辻新次の指導、助言もあって、寄付金1000円を集め、本郷区弓町2丁目13番地に土地を借り、家屋を購入して同園を移転させています。

　経営は順調でしたが、本郷区の区画整理で借地が使えなくなり、建物を2,000円で売って、1908年（明治41）4月、大森幼稚園を開きますが、ここでは園児募集に苦労することになります。

　島澤雅子は、山田千代（保姆練習科修了者）設立の小石川幼稚園で助手をし、後、保姆養成学校に入りますが、病気療養中の山田から、親友、古市静子の窮状を救って欲しいと懇願されています。

園児たちと後右が古市静子、後左が島澤雅子/土木学会図書館蔵

　島澤の力で経営は上向きますが、1915年（大正4）12月25日、古市は、高齢と夫の病気を理由に、同園を島澤夫妻に譲っています。

　古市静子の生涯について、わが国を代表するキリスト教指導者の一人で、同志社大学総長を務めた海老名弾正は、次のように述べています（古市静子『我が生涯』、非売品、島澤良子、昭和61年復刻）。

　　私は明治19年の秋より古市女史に交わりを辱うするやうになつたことを記憶して居ります。（中略）女史は既に女子師範学校にも出入せられ、當時の女子としては最高の教育を受けて居られた。女史はクリスチャンであつた。因つて女史は當時最も進歩した所の男女の頭脳を明快ならしめた二つの教養を有して居られた一人といはねばならぬ。一は歐米の新知識、一は基督教の信仰

と倫理とであつた。其上其専門として學び得られたものは幼稚園の保姆でありました。その頃幼稚園の教育は甚だ幼稚であつて、之に從事し得る女子の數も甚だ少なかつた。因つて古市女史が本郷區で幼稚園を始められたことは日本に於ける幼稚園の手始であつたといつてもよからう。しかも其事業は私立の事業であつた故に中々困難の事業であつた。その困難な事業を持續して來られた熱心と忍耐とは決して尋常のものではなかつた。(中略)一方に幼稚園を掲げ一方に良人の看護を爲さねばならなくなつたことは蓋し出來難い事業でありましたので、幼稚園の事業も思ふ様に發達いたさなかつたのも怪むに足らない。しかも三十有餘年の長い年月の其間、勝利のない戰闘を續けて絶望せられなかつたことは實に無限の同情を喚び起す悲惨であつた。此の如き悲惨の中にも神を敬ひ人を憤らず自からを危険に落し入るゝやうなこともなかつたのは、蓋し女史の心底に根強い信仰と道徳の力があつたことを推し量らずには居られませぬ。

　しかも内憂外患と戰ひ其女史たる本領を失はなかつたことは深い意味に於て女史は人生の勝利者であつたのであります。實に女丈夫と稱すべきであらう。決して賞め過ぎたとは思ひませぬ。

＜参考文献＞　・柳田桃太郎『種子島の人』、柳田桃太郎、1975年
　　　　　　・島澤雅子・良子『うさぎ幼稚園八十周年史』（非売品）
　　　　　　　島澤雅子、昭和41年
　　　　　　・桑原驀監修『不屈の系譜』、鹿児島新報社、昭和50年

◇22 東京大学大講堂（安田講堂）とドイツ表現派

○東京大学大講堂（安田講堂）
- ・東京都文京区本郷 7-3-1/アクセス：JR 御茶ノ水駅からバス便他多数
- ・竣工：1925 年（大正 14）/基本設計：内田祥三/実施設計：岸田日出刀
- ・赤レンガ造り 地下 1 階、地上 7 階建て/登録有形文化財

　安田善次郎が寄付した安田講堂の正式名称は東京大学大講堂です。かつて過激派学生と機動隊の攻防戦があった所でもあります。
　着工は関東大震災前で、竣工は1925年（大正14）ですが、内田祥三教授がネオ・ゴシック様式の基本設計をし、後は岸田日出刀に任せましたので、ユダヤ系ドイツ人表現主義建築家、エーリヒ・メンデルゾーン（Erich Mendelsohn, 1887-1953）に傾倒していた岸田の意向も反映されています。正面から見るとかなり威圧的ですが、背部から見ると戦国武将の兜のようで「かわいい?」建物です。（晃人・まき）

左・大講堂正面/右・背部から見た大講堂 2017.11.8

＜参考文献＞・ⓘwww.u-tokyo.ac.jp/index_j.html　東京大学HP 2017.10.24

◇23　横川楳子と八王子のフレーベル式幼稚園

横川楳子

　横川楳子の八王子幼稚園の設立は、1892年（明治25）のことですから、翌年設立の海老名リンの若松幼稚園とは1年違いです。しかし、横川は、1879年（明治12）12月、東京女子師範学校の保姆見習修了と同時に、同校附属幼稚園に採用（月10円）されていますから、最初期の日本人保姆であるばかりでなく、6年間同園に勤務した筋金入りの保育者だったのです。また、生家の事情で八王子に帰っても、女子教育と幼児教育に対する情熱は失いませんでした。

　横川楳子は、1853年（嘉永6）1月、まさにペリー来航の年、父、横川十右衛門善八、母、新の娘として、武蔵国多摩郡横川村に生まれています。横川家は、八王子の裕福な名主でしたが、徳川幕府が甲州口を守る目的で八王子に置いた千人同心の家です。千人同心は、平時は農民扱いをされ、争乱時は兵士扱いをされる、という曖昧な身分でしたが、幕府に対しては、常に忠誠心を抱いていました。

　しかし、時代柄、楳子の兄、勇太郎は、お玉が池の千葉周作道場「玄武館」で、八王子左入村出身の塾頭、真田範之助に北辰一刀流を学び、真田と一緒に、若き日の渋沢栄一（後、幕臣、官僚、産業人。子爵）らと相談して、攘夷決行の日まで決定しますが、これは種々議論

があって実行されませんでした。また、勇太郎は、その後、真田が率いる千葉道場「玄武館」一統に随って、水戸の「天狗党の乱」に参戦しますが、戦局の悪化で、真田は少年、勇太郎に「八王子に戻って俺の帰りを待て」と命じています。これは戦場の一種の慣わしで、土方歳三が箱館戦争の最終局面で側近の少年に"この品々を俺の実家に届けてくれ"と命じたのと同じです。明らかに少年の命を救いたいという"主"の恩情で、少年は「最後までお共したい」と泣いて頼むのが常ですが、この種の命令は「言うことを聞かなければ俺がこの場で斬り殺す」という厳命でした。

　横川楳子の履歴書(『東京の幼稚園』)によりますと、楳子は、幼少期から勉強好きで、習字、漢籍、筆算開方、筆算平三角などを学び、成人後も、伶人の東儀秀芳と林広継に保育唱歌、催馬楽、和琴、箏を学び、メーソン、音楽取調所で西洋唱歌、風琴を学び、さらに物理学、和学、小学礼式など、幅広く学んでいます。

　1878年(明治11)2月、東京女子師範学校附属幼稚園には、突然、大阪府から氏原鋹と木村末が保姆見習受験生として派遣されてきます。これは同園の事務連絡のミスから生じたことでしたが、「保姆見習制度」の設置は喫緊の課題でしたから、同園では、大慌てで大綱を決め、簡単な口頭試問を実施しています。この時、同時に、見習生となったのが、横川楳子で、横川には月5円が支給されています。

　見習生の指導は、松野クララと関信三、豊田芙雄、近藤濱が担当しましたが、詳細については項末尾の参考文献等で扱っています。な

お、氏原が書くように、折り紙などは日本古来のものを多数取り入れていますが、特に、「六歌仙」(写真)については、紙の選択、染色の方法などを、教師、見習生が色々と意見を出し合い、試行錯誤しながら完成に至った苦心作です。

折紙(摺紙)「六歌仙」の一部

横川家文書中に残っている「六歌仙」はおそらくこの時作ったものであろうと思われます。「六歌仙」は幼児の題材としては高度過ぎますが、これらは保育唱歌中の難解過ぎる曲と同様、見習生自身の研修題材として取り込んだものだろうと推測しています。

横川楳子には、最初から見習修了後は他府県へ赴いて幼稚園を開設することが求められており、本人もそのつもりでいました。鹿児島県では、西南戦争中から、県令の岩村通俊が率先して、産業と教育の復興を推進していましたが、1878年(明治11)9月21日、鹿児島師範学校内に女子師範学校を仮設し、同校に附属幼稚園を設置すること

を構想したのです。
　西南戦争直後の鹿児島に、わが国二番目の幼稚園を設置することは、保姆の確保が最大の問題でしたが、岩村県令には「切り札」があったのです。同年5月24日、鹿児島出身の西郷従道が文部卿に就きましたので、岩村は西郷を通じて保姆派遣を頼むことができたのです。同年秋、文部大輔、田中不二麿は幼稚園設立法の説明を西郷にしていますが、これも鹿児島幼稚園設立の絡みと考えるのが自然です。
　鹿児島への保姆派遣は、最終的には豊田芙雄になったのですが、元々は横川がその対象だったのです。東京でも幼稚園の基礎がまだ十分に固まっていない段階で、実質上の主任、豊田芙雄を長期出張に出すことは、監事、関信三にも、摂理、中村正直にも考えられなかったはずです。この辺の事情は横川の書簡が物語っています。
　小著では詳述はできませんが、横川文書中の書簡は親元への手紙で「扨、私事、卒業も此年と存じ候。夫ニ付業成宇ヘハ縣々に参り候由元より其つもりニて居候。然ルニ此度鹿兒島縣より幼稚園設立ニ付可然人御座候ならバ一人」送って欲しいとの依頼が東京女子師範学校に届き、「学校長（晃人注：中村正直）より度々私へ」鹿児島行きについて説得がなされるようになったのです。
　梣子は「たとへ遠き所なりとも、県令の頼ミにて参り一ツ之幼稚園を設立候ヘバ、そこに名ものこり又功も立候事と存じ候」と思うようになります。さらに「最も初て彼地ニ幼稚園を設立スルハ私如き者にハ難き事ながら、若シ御ゆるし被仰候上ハ参りて一ツ骨をりて見

たく存じ候」と楳子は前向きに考えるようになったのです。

　しかし、横川の鹿児島派遣は実現しませんでした。横川家では、嫡男、勇太郎の病状が悪化していて、両親は楳子の鹿児島派遣に反対したようです。実際、勇太郎は、4ヶ月後、亡くなっています。

　こうした経緯のある二人ですが、1881年（明治14）5月14日、皇后宮が、東京師範学校、東京女子師範学校を訪問し、附属幼稚園の授業を参観した際には、豊田と横川が一緒に一の組で「積體」の活動をした記録が残っています。ここには項6の武藤やちの名前もあります。

遊戯室	運　動		「君が代」・「白金」・「飛行末」ノ三曲唱歌
三の組	修　身	教生	永井たか
		同	猪子ふで
		同	本多よし
二の組	織　物	同	長谷川てる
		同	多賀はる（結婚後、鳩山春子）
一の組	積　體	保姆	豊田芙雄
		同	横川うめ
四の組	連　鎖	同	加藤きん（結婚後、武田錦子）
		同	武藤やち

　横川が勤務した6年の間に、「直訳式フレーベル主義保育」が修正されますが、横川と豊田は「直訳式保育」と「修正保育」の両方を知る保姆となりました。このことは横川の八王子幼稚園にも反映されています。小西信八監事が主導した修正は幼児目線に立ったものでしたが、詳細は項末の「参考文献」をご参照願います。

1884年（明治17）12月19日、横川が同園を辞め八王子に帰ったのは、前々月、父、横川高徳（十右衛門から改名）が死去し、家を継がねばならないという事情があったためです。

　横川は、1885年（明治18）、自宅で女子教授所（家塾）を開き、1888年（明治21）、女学校とし、後、本立寺の空地を借り校舎を新築して、1892年（明治25）10月31日、神奈川県の許可を得て、女学校と幼稚園を発足させています（翌年、三多摩郡は東京に移管）。

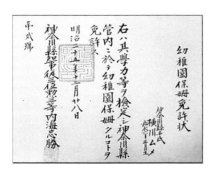
神奈川県発行の第2号保姆免許状

生徒と園児の募集広告

　十分な保育経験を持っていた横川でしたが、開業に際して、県の幼稚園保姆免許状（写真）の取得が必要だったようです。当時の幼稚園には、単独型、小学校附属型、女学校附属型がありましたが、八王子は三番目の型です。フレーベルも、本来、幼児教育と女子教育を一体的に捉えるこの方式を望んでいたのです。

　八王子幼稚園は、規則や保育方法は、東京女子師範学校附属幼稚園の方式をそっくり踏襲するものでした。横川家の古文書に見ると「保

育ノ課ハ　修身ノ話シ　庶物ノ話シ　木ノ積立　板排ヘ　箸排ヘ　鐶排ヘ　豆細工　珠繋キ　紙織リ　紙摺ミ　紙刺シ　縫取リ　紙剪リ　畫キ方　數ヘ方　唱歌　遊戯トス」という保育内容になっています。

　しかし、八王子は今でこそ人口約58万人（2015年）の大都市ですが、1893年（明治26）の時点では、人口約2万人でしたから、横川の女学校と幼稚園の経営は大きな困難を伴いました。しかも、当時、私立の幼稚園の保育料は、1円か1円20銭の時代に、八王子幼稚園の保育料は「月30銭」の安さです。その上、八王子では、1897年（明治30）4月22日、3100戸の焼失、死者42名の大火災などもあって、保育料を高くすることは容易ではなかったようです。

　1904年（明治37）、1905年（明治38）、1906年（明治39）の「幼稚園授業料納入簿」を見ても、30名を超える月はほとんどなく、ほぼ20数名というのが常態です。同園の定員は60名ですが、創設以来、これを満たすことは難しかったようです。女学校の方も同様ですが、結局、横川の持ち出しは数千円にのぼったと言われています。

　楳子は、府立高等女学校誘致の一助として、自らの女学校の建物、備品等一切を東京府に寄付し、府の指導を受けて、1907年（明治40）4月入学者と、在学中1年生の2年次編入試験を高等女学校のレベルで実施し、学則を変更して、教育内容も高等女学校レベルにしたことは、横川家の文書で明らかです。

　1908年（明治41）4月、明神町に建設された府立第四高等女学校（現都立南多摩高等学校）に全員移籍しています。

しかし、残念ながら、これと同時に、幼稚園も廃園となっています。
次の写真は、同園最後の保育証（卒園証書）と思われます。

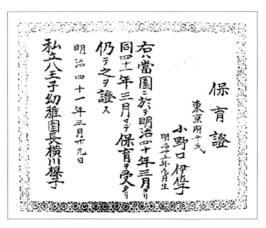

私立八王子幼稚園最後の保育証

<参考文献>・織田鉄三郎『天狗党鹿島落ち』ふるさと文庫、筑波書林、1984年
・光石知恵子「明治時代の八王子の教育と横川楳子」、『明治時代の八王子』所収、八王子郷土資料館、1993年
・東京都編『東京の幼稚園』東京都、昭和41年
・前村晃（執筆代表者）・高橋清賀子・野里房代・清水陽子『豊田芙雄と草創期の幼稚園教育』建帛社、2010年
・前村晃『豊田芙雄と同時代の保育者たち』三恵社、2015年
・岸田林太郎「八王子郷土史上の女性-松原庵星布と横川楳子-」多摩文化資料室編『多摩のあゆみ（特集：多摩の女性像）』、第37号所収、多摩中央信用金庫、1984年
・横川楳子の写真、折り紙「六歌仙」、横川楳子の書簡、生徒及び園児募集の広告、八王子幼稚園規則、幼稚園保育証、私立八王子女學校學則、横川楳子家文書、幼稚園保姆免許状、幼稚園授業料納入簿等の文書は全て横川家から寄託され八王子郷土資料館に保管されているものです。

◇24 東京のドイツ料理店 I

　東京には魅力的なドイツ料理店がたくさんあります。東京では、駅から至近、ランチがあることを条件に選びました。選考基準はあくまでも主観によるものです。なお、ご利用の節はできれば予約されることをお勧めします。（晃人・まき）

〇銀座ローマイヤ(Lohmeyer)日本橋店
・東京都中央区日本橋本町3-8-3　東硝ビルB1F
・0066-9712-134415/03-3808-1515
・JR総武快速線「新日本橋」5番出口徒歩1分/地下鉄日比谷線「小伝馬町駅」3番出口徒歩3分　他
・ランチ　月-金　11:00-14:30 (L.O.14:00)
　ディナー　月-金　17:00-22:00 (L.O.21:00)
・定休日　日・祝　※定休日も事前相談で貸切宴会が可の場合もあります。

銀座ローマイヤ日本橋店　2017.11.8

創業者アウグスト・ローマイヤは、第一次世界大戦時の日本軍捕虜ですが、解放後も日本に残り、1921年（大正10）、ハム・ソーセージの製造を開始し、1968年（昭和43）、株式会社ローマイヤが設立されています。曲折を経て、現在はスターゼンの子会社となっています。銀座ローマイヤレストランは、1925年（大正14）に開業され、谷崎潤一郎の『細雪』にも登場しています。過日、ハンバーグ・ランチを食べましたが1000円で済みました（2017年11月現在）。

　○恵比寿ガーデンプレイス
　　・東京都渋谷区恵比寿4-20-4/03-3442-9731/恵比寿駅東口からガーデンプレイスまで空港にあるような長い「動く歩道」があります。
　　・月-土 11:30-23:00/日・祝 11:30-22:00/定休日なし

ビヤステーション 2017.11.12

　サッポロビール工場跡地です。現在も同本社は敷地内にあります。飲食店は、独、仏、中、和と何でもありです。三越、映画館、ショップ等もあって半日ぐらいゆっくり遊べます。（晃人・まき）

◇25 東京のドイツ料理店 Ⅱ

○ビアレストラン×樽生直輸入「フランツクラブ」
・東京都千代田区丸の内 1-5-1 新丸ビル 5F/050 - 5868 - 1483
・地下鉄丸ノ内線東京駅徒歩1分/JR東京駅「丸の内口」徒歩3分
・ランチ　月-金　11:00-16:00(L.O.15:00)
・ディナー月-金　17:00-28:00(朝4時) (L.O.27:00)
・ブランチ　土　11:00-28:00(朝4時) (L.O.27:00)
　　　　　　　日 祝 17:00-23:00L.O.22:00) ※日曜日が祝日前日にあたる場合は27:00まで営業/定休日なし。

左・店の雰囲気と右・付け出しのミニ・スナック　2017.11.12

　ごらんのように建物内通路側に開放された店構えです。ドイツビールも何種類もの中から選べます。他店に比べると料理は高めですが、店の人から、ソーセージ1本から注文できます、と言われました。
　何と言っても、東京駅の真ん前ですから、列車の待ち時間などに使えば便利この上なしでしょう。（晃人・まき）

○ミュンヘン　新宿小田急ハルク店
・東京都新宿区西新宿１-５-１　新宿西口ハルク B3F
・03‐3342‐5660/JR 新宿駅西口徒歩１分
・営業　11：00-23：00(L.O.22：15)/定休日なし(小田急ハルクに準じる)

左・ミュンヘンのメニューショーケースと右・ドイツのビール 2017.11.12

　ここもランチはスープ、ドリンクはお代わり自由でした（2017 年 11 月現在）。けっこう、落ち着いた店ですから、ドイツビールやサッポロビールを飲みながら、しばし休憩するのもいいと思います。ここの経営はニュートーキョーですが、実は、札幌のサッポロビール園はニュートーキョー、サッポロビール、銀座ライオン（旧 サッポロ 共営）三社の 共同経営です。義父が銀座ライオンの総支配人だったことは前著で触れましたが、こうした店を訪ねるとサッポロビールしか飲まなかった義父の厳しい顔を思い出します。（晃人・まき）

◇26 一年中買えるクリスマスグッズの店

　年末になると、各地のクリスマスマーケットでクリスマスグッズが買えるショップが出店されますが、「代官山クリスマスカンパニー」のように、一年中クリスマスグッズが買える店もあります。

　似たような店としては、横浜元町の北原照久氏のブリキのおもちゃ博物館の隣にある「クリスマストイズ」、品川から軽井沢に移転した「マイスター軽井沢」などがあります。他にも全国各地に同様の店があるようですので、クリスマスグッズファンの方は探してみられたらいいかと思います。（まき）

○「代官山クリスマスカンパニー」
・渋谷区猿楽町29 - 10　☎03 - 3770 - 1224　不定休
・アクセス；「代官山駅」から徒歩4分。
・営業時間　11：00 - 19：00（11/1～12/25は無休で20:00まで）

左・クリスマスカンパニー　/　右・購入したミニくるみわり人形　2016.8.18

◇27 ネット上で購入のくるみ割り人形

　クリスマスグッズも、ドイツまで行って、現地で買うのが一番と思いますが、ドイツに行くのは簡単ではありませんし、旅先で、かさばるものを買うのは大変です。しかし、幸い、現代はネット社会ですから、ネット上でドイツ製のクリスマスグッズを手に入れることも可能です。

　下の「くるみ割り人形」は、ネット上で、各2,100円程度で買ったものです。普通はもっと高いのですが、オフシーズン中で安かったのかもしれません。値段はともかく、これらをリビングに飾って眺めながら、ドイツに思いを馳せるのもなかなかおつなものです。（まき）

くるみ割り人形　高約30cm　2017.3.18

◇28 日本で広く親しまれているドイツの歌

　「ちょうちょう」「ぶんぶんぶん」「こぎつね」「かえるの合唱」「夜汽車」「故郷を離るる歌」「霞か雲か」「野ばら」「ローレライ」「池の雨（ヤマハのコマーシャルソング、"ドレミファソーラファ、ミ、レ、ド"のあの曲です）」「第九」などはドイツ地方の曲です。ただ、晃人の世代ではおなじみの「夜汽車」や「故郷を離るる歌」を、まきの世代は知らない、といったことはあります。

　あまりにも有名な「ちょうちょう（てふてふ）」ですが、洋風唱歌の導入者、伊沢修二がスペイン民謡と紹介し、それが定着して、晃人もそう記述したこともありますが、元々はドイツの曲です。

　また、「蜜蜂（ぶんぶんぶん）」（ドイツ民謡として導入。曲はボヘミア民謡）は、1887年（明治20）発行の『幼稚園唱歌』（文部省）に掲載していますが、明治10年代には幼稚園で歌っていたようです。以下のように当時の歌詞はさすがに古風です。（晃人・まき）

「蜜蜂（注：ぶんぶんぶん）」

　ハチヨ　ミツバチヨ

　花ニハ　戯レズ

　ソガツユ　モチキテ

　カモセ　ナガミツヲ

＜参考文献＞・文部省音楽取調掛編『幼稚園唱歌集』文部省編集局、明治20年（はしがきは明治16年7月の日付です）

◇29 ドイツ好きの志ん朝（3代目）と米團治（5代目）

　落語家でドイツ好きと言えば、故・古今亭志ん朝（3代目）と桂米團治（5代目）が有名です。志ん朝は5代目古今亭志ん生の子ども、米團治は3代目桂米朝（人間国宝）の子どもです。志ん朝は獨協高校時代にドイツ語を学び、生前は、度々、ドイツに出かけています。米團治は高校時代、スポーツ交流で、ドイツにホームステイしたこと等でドイツ好きになったようです。2001年（平成13）4月から2003年（平成15）3月まで、NHKの「ドイツ語会話」の生徒役として出演しています。下の写真はそれぞれの自著です。（晃人・まき）

左・志ん朝の自著と右・米團治の自著

＜参考文献＞・古今亭志ん朝『もう一席うかがいます。』河出書房新社、2006年
　　　　　　・桂米團治『子米朝』ポプラ社、第3刷、2015年

◇30 ドイツ人のビール製造とレストラン(富士宮市)

○バイエルンマイスタービール　レストラン・工場
- 富士宮市上井出字河原端1254-1　℡ 055-54-3311
- アクセス：バス例：新富士駅から富士急ハイランド行き「静岡富士病院」下車徒歩2分。又は富士宮駅2番乗り場から白糸の滝、休暇村富士方向で「静岡富士病院入口」下車徒歩6分。レストランは予約が前提。バスの本数が少ないのでマイカーが便利です。
- 経営者：ラガー・シュテファン（Rager Stephan）
- URL:http://www.bmbier.com/ホームページから製品の購入が可能です。

左・レストランと右・ビール工場　2017.11.7

　富士山麓にはドイツ人マイスターが製造する本場のビール工場があり、レストラン（要予約）が併設されています。ここでは間違いなく本物のドイツビールに出会うことができます。ドイツ大使館御用達のビールとも言われています。

　静岡県側の新富士駅、山梨県側の富士駅などからバス便もありますが、便数が少ないので、マイカーが便利です。（晃人）

◇31 半田赤レンガ建物とカブトビール（愛知県半田市）

〇半田赤レンガ建物
- 半田市榎下町8番地/0569-24-7031
- JR武豊線「半田駅」徒歩15分・名鉄河和線「住吉町駅」徒歩5分
- 竣工：1898年（明治31）10月31日
- 旧カブトビール（加武登麦酒）製造工場
- 基本設計：ドイツのゲルマニア機械製作所/設計：妻木頼黄
- 常設展示室は有料：9:00-17:00 大人（高校生以上）200円・中学生以下無料/カフェ＆ショップ：10:00-17:00/休館日：年末年始
- 国の登録有形文化財

半田赤レンガ建物 2017.10.5

建物の基本設計はドイツのゲルマニア機械製作所ですが、実施設計は、前著でも取り上げた、横浜の旧横浜正金銀行（現神奈川県立歴史博物館）や旧横浜新港埠頭倉庫（現横浜赤レンガ倉庫）等の設計者、妻木頼黄です。半田でのビール製造は、1889年（明治22）、中埜酢店（現ミツカン）4代目の中埜又左衛門と敷島製パン（前著で触れたようにドイツ人俘虜、ハインリヒ・フロインドリーブがパン製造を指導した会社です）創業者、盛田善平らは半田で「丸三ビール」を製造、販売し、好評を博しました。1896年（明治29）、4代目未亡人中埜ナミを中軸に、丸三麦酒株式会社が設立され、1898年（明治31）、ドイツ人機械技師、A.F.フォーゲルとドイツ人醸造技師、ジョセフ・ボンゴルを招いて、本格的なドイツビール製造に着手し、銘柄名も「加武登麦酒」に変えています。

　1898年（明治31）から1943年（昭和18）まで、この建物でビールが製造されましたが、その間、会社の譲渡、社名変更等を経て、1933年（昭和8）には、晃人の義父も勤務した大日本麦酒株式会社（現アサヒビールやサッポロビール）と合併しています。2005年（平成17）に、明治、大正の同社ビールが復刻、販売されています。

　ちなみに、半田市には「ごんぎつね」、「てぶくろをかいに」などを書いた新美南吉の記念館があります。晃人は、若い頃から自称、新美南吉ファンですから、今回、同記念館も訪ねました。（晃人）

<参考文献>・①akarenga-handa.jp/beer_history.html（赤煉瓦倶楽部半田）
　　　　　・パンフレット『半田赤レンガ建物』、2017.10現在

◇32 旧山田郵便局電話分室：吉田鉄郎とドイツ表現派

○旧山田郵便局電話分室（現「ボン・ヴィヴァン（フレンチ）」）
　・伊勢市本町 20-24/ JR 参宮線，近鉄山田線「伊勢市駅」徒歩 6-7 分
　・竣工： 1923 年（大正 12）/レンガ造り　表面はモルタル塗装
　・設計者：吉田鉄郎/現所有者：NTT
　・定休：日曜日ディナー、月曜日（祝日の場合翌日）

旧山田郵便局電話分室　2017.11.28

外宮入口側から見た建物　2017.11.28

この建物は、伊勢の外宮門前にある、表現派時代の若い吉田鉄郎が設計した何とも大胆な作品です。ドイツや北欧の建築の影響を受けた、ドイツ民家風の作品です。反りのある急勾配の赤い瓦屋根が印象的です。同時期の設計ですから、次項33の旧京都中央電話局上分局と共通するところがあります。子どもたちは、この建物を見ると「ネコみたい！」と騒ぐかもしれませんが、各破風から突き出た不可思議な木も「ネコの手」に見えなくもありません。この建物の前方にある、外宮も、内宮と同様、なかなか神秘的で厳かな雰囲気を漂わせていますが、吉田が外宮を意識していたかどうかについては、みなさま写真を見比べられて、それぞれでご判断を試みてください。（晃人）

破風から突き出た木

左・外宮の正宮 2017.11.28／右・外宮の別宮の一つ 2017.11.28

＜参考文献＞・向井覚『建築家吉田鉄郎とその周辺』相模選書、2008年

◇33 京都の建物Ⅰ：吉田鉄郎と旧京都中央電話局上分局

○旧京都中央電話局上分局
・現在：1F スーパーフレスコ/2F コナミスポーツクラブ京都丸太町
・京都市上京区丸太町通河原町通東入ル駒野町
・竣工：1923年（大正12）/鉄筋コンクリート造り3階建て
・設計：吉田鉄郎
・京都市登録有形文化財

旧京都中央電話局上分局 2017.10.4

　設計者の吉田鉄郎は、本著項15、項58でも触れていますが、この建物は、旧山田郵便局電話分室と同年に設計された、吉田の初期の作品で表現派から合理主義建築への移行期の作品です。全体的に特異なデザインですが、屋根の角度や反り、破風（はふうではありません）などにドイツ民家風の意匠があると言われています。（晃人）

＜参考文献＞・向井覚『建築家吉田鉄郎とその周辺』相模選書、2008年

◇34 京都の建物Ⅱ：旧京都郵便電信局（現中京郵便局）

○旧京都郵便電信局（現中京郵便局）
・京都市中京区三条通東洞院東入菱屋町 30
・竣工：1902 年（明治 35）
・設計：吉井茂則・三橋四郎（逓信省営繕課）
・鉄筋コンクリート造り（一部鉄骨鉄筋コンクリート造り） 地下 1 階 地上 2 階建て／レンガ壁／延床面積 9,700 ㎡／外壁保存

旧京都郵便電信局（現中京郵便局） 2017.10.4

ネオ・ルネッサンス様式のこの建物は、逓信省建築の一指標となる重要な近代洋風建築ですが、これ自体はドイツとの関わりで取り上げたわけではありません。ここでは設計者の三橋四郎（1867-1915）と

吉井茂則(1857-1930)がドイツやオーストリアと深い関りがあった、ということで取り上げています。

　吉井より10歳若い三橋は、帝国大学工科大学造家学科を卒業後、技師として、陸軍省（1893年）－逓信省（1898年）－東京市（1906年）と渡り歩き、1908年（明治41）、東京市を辞めて三橋建築事務所を開き、ウィーン分離派風の作品を発表したことで知られています。特に、中国大陸の各地に清新な領事館、総領事館を建て、鉄網コンクリート工法を考案し、著書『和洋改良大建築学』（上・中・下・続編、大倉書店、明治37－44）を著しています。また、同事務所は、旧多摩聖蹟記念館（前著項37）や函館の旧百十三銀行（本著項4）を設計した蔵田周忠や関根要太郎、銀座のライオン・ビアホール（前著項22）や旧新橋演舞場、駒沢大学耕雲館（現禅文化歴史博物館）などを設計した菅原栄蔵らを育てています。

　いっぽう、吉井は、1910年（明治43）、内田四郎と共に設計した逓信省庁舎（現存せず）などがありますが、現存するものに恵まれないためかやや地味な存在です。しかし、吉井も明治前半期に重要な活躍をした一人です。幕末、土佐藩に生まれた吉井は、1871年（明治4）4月、新政府の英国留学生として、横浜港を出発し、1874年（明治7）6月、帰朝するまで約3年間海外で学び、国立公文書館の本人履歴書によると、1876年（明治9）4月、工部大学校造家科に入学しています（正確には工学寮が工部大学校となるのは翌年1月です）。

吉井は、仮とは言え、国会議事堂、第1回（第一次）仮議事堂（1890年竣工/2ヶ月後焼失）と第2回（第二次）仮議事堂（1891年竣工/1925年焼失）を設計した人物です。1890年（明治23）11月24日竣工の初代は、吉井茂則とドイツ人建築家、アドルフ・ステヒミュラーが設計し、完成しますが、2ケ月後の1891年（明治24）1月20日、漏電が原因で全焼します。そこで、急遽、吉井茂則とドイツ人建築家、オスカール・チーツェが2代目の設計をし、昼夜兼行の作業の末、同年10月30日、完成しています。つまり、吉井茂則はドイツ人建築家と二度仮国会議事堂の設計をしたのです。（晃人）

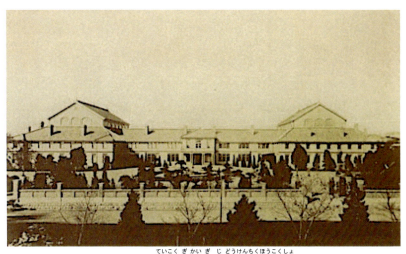

第1回国会仮議事堂　「帝国議会議事堂建築報告書（昭11）」から
※上の写真は参議院（広報課）に使用申請し了承を得たものです。

＜参考文献＞・①www.sangiin.go.jp/70/70-1.html（参議院HP/2017.10.13）

◇35 京都の建物Ⅲ：京都大学文学部旧陳列館と分離派

○京都大学文学部旧陳列館
 ・京都市左京区吉田本町
 ・竣工：1914年（大正3）
 ・煉瓦造り 2階建て 瓦葺き
 ・設計：山本治兵衛（文部省技師/京大営繕部）・永瀬狂三（京大営繕部）
 ・登録有形文化財（建造物）

京都大学文学部旧陳列館 2017.10.4

　東大の安田講堂（項21）を取り上げましたから、京大の建物もという訳ではないのですが、1914年（大正3）に竣工となった京都大学文学部陳列館は、下部を欠いた櫛型の破風のブロークン・ペディメント

ポーチ上部の装飾 2017.10.4

やペディメントにある楕円形の窓など、ネオ・バロック様式が意識された建築ですが、部分においては、時代柄を反映し、ウィーン分離派（曲面の多用、幾何学形の装飾、渦巻きの植物模様等）の意匠も取り込んでいます。設計は山本治兵衛と永瀬狂三が担当しています。

　この建物は、元々、国史学・考古学・地理学・美学美術史学等の分野で収集された資料を収蔵、管理することを目的とし、当初、L字型の平面プランの建物でしたが、三度の増築で、ロの字型の平面プランの建物となり、その後、背部半分が壊され、当初とは逆向きのL字型の平面プランの建物となりました。

　また、文学部陳列館は手狭となり老朽化も進んだため、1986年（昭和61）、新たな構想の総合博物館が完成し、旧陳列館の大半の資料はこちらに移されています。（晃人）

<参考文献>・①blog.goo.ne.jp/es_february/e/
　　　　afdcdebc09055329603d4a11dcc85622　（2017.10.12 現在）

◇36 京都の建物Ⅳ：旧不動貯金銀行京都七条支店

〇旧不動貯金銀行京都七条支店（現京都中央信用金庫）
・京都市下京区七条通烏丸西入ル仲居町113
・京都駅中央口徒歩4分
・竣工：1930年（昭和5）/鉄筋コンクリート造り2階建て
・設計：関根要太郎

旧不動貯金銀行京都七条支店 2017.10.4

　全体にシンプルですが、しゃれた丸窓やアーチ窓の意匠は楽しめます。設計は、前著項37、本著項4、47で触れている関根要太郎ですが、ドイツのユーゲント・シュティールを大胆に取り入れた若き日の清新で華麗な作品に比べると、あまりにも静かで寂し過ぎます。（晃人）

＜参考文献＞・ⓘwww.jmam.net/index.html
　　　　　　「前村記念博物館」（前村敏彰氏）　2017.10.23 現在

◇37 京都の建物Ⅴ：モダニズムの先駆者、本野精吾

○旧京都高等工芸学校本館（現京都工繊大学3号館）
・京都市上京区今出川大字東入ル/竣工：1931年（昭和6）
・設計：本野精吾・文部省建築課/3階建て、スクラッチタイル張り
・登録有形文化財

旧京都高等工芸学校本館南面　2017.10.4

　　　建物東面　　　　　　　　建物入口

本野精吾(1882-1944)の父親は、本野盛亨(本著項40。現佐賀市久保田町出身。子爵。1836-1909)ですが、盛亨は官界、実業界で活躍し、子安俊らと読売新聞社を創業した人物です。長男に外務大臣になった本野一郎、次男に化学者で早稲田大学教授をし、読売新聞4代目社長になった本野英吉郎、三男に電気工学者で京都帝国大学教授を務めた本野亨がいます。本野精吾は四男です。

　本野精吾は、1906年（明治39）、東京帝国大学工科大学建築学科を卒業後、一時会社勤務を経て、1908年（明治41）、京都高等工芸学校（現国立大学法人京都工芸繊維大学）教授となります。

　また、本野は、1909年（明治42）6月、渡欧し、滞欧中は英、独、仏で学びますが、主にベルリンに滞在し、ドイツのモダニズム、バウハウスの影響を受け、1911年（明治44）12月、帰国しています。1927年（昭和2）、本野を中心に結成した日本インターナショナル建築会は、1933年（昭和8）、ナチスに迫害されていたブルーノ・タウト（前著項34、本著項15）の来日を実現させています。

　本野は、日本のモダニズム建築の先駆者として位置づけられており、家具、舞台、船室の設計なども手がけましたが、エスペランティストでもありました。旧京都高等工芸学校本館は、スクラッチタイル張りで南面の出窓部分や東面玄関のガラス面の装飾などに新鮮な意匠が認められますが、文部省建築課の手も入ったため、本野本来の意図が抑制されたうらみは残ります。

　次頁の写真は本野設計の旧西陣織物館（現京都市考古資料館）です。

○旧西陣織物館（現京都市考古資料館）
・京都市上京区今出川通大宮東入元伊佐町 265-1
・アクセス：市バス「今出川大宮」下車すぐ
・設計：本野精吾と文部省建築課/レンガ造り 3 階建て（鉄筋コンクリート補強がなされています）/竣工：1914 年（大正 3）
・開館時間：9:00-17:00(受付 16:30 まで)/無料
・休館：月、12/28-1/3、祝日翌日
・京都市登録文化財

旧西陣織物館 2017.10.4

装飾のほとんどないすっきりとした、まさにモダン建築の記念碑的作品と言えます。さらに付け加える言葉があるとすれば、本野の真骨頂ここに在り、でしょう。（晃人）

＜参考文献＞・松隈洋監修『建築家・本野精吾展―モダンデザインの先駆者』京都工芸繊維大学美術工芸資料館発行、2010 年

◇38 河合浩蔵と造幣局 旧発電所（現造幣博物館）

○造幣局旧発電所（現造幣博物館）
- 大阪市北区天満1-1-79/アクセス：京阪本線・地下鉄谷町線の「天満橋」など徒歩15分、大阪市営バス「桜宮橋」下車すぐ
- 竣工：1911年（明治44年）/設計者：河合浩蔵
- 開館：9:00-16:45（入館は16:00まで）/入館料：無料/原則無休

　ドイツ派の建築家、河合浩蔵については前著項24、49でも触れましたが、河合は関西建築界の重鎮となった人物です。造幣局旧発電所（現造幣博物館）も河合の設計です。博物館入口前脇に古いドイツ製圧延機が展示してあります。旧発電所は右下写真、戦前の絵葉書左端です。ちなみに、造幣局は桜の名所です。（晃人）

造幣博物館 2017.10.5　　　　　　戦前の絵葉書

＜参考資料＞・絵葉書「大阪 造幣局」、発行年等不明（戦前）/晃人蔵

◇39 ドイツ留学経験者、矢部又吉と大阪の建物

〇旧川崎貯蓄銀行福島出張所（現ミナミ株式会社）
・大阪市福島区福島5丁目19-7/
・最寄駅：阪神本線福島駅 徒歩5分、大阪環状線「福島駅」徒歩5分
・竣工：1934年（昭和9）/設計：矢部又吉
・鉄筋コンクリート造り（地上2階、地下1階）
・国の登録有形文化財

旧川崎貯蓄銀行福島出張所（現ミナミ株式会社）　2017.10.6

　ファサード（正面）は、緩やかにカーブし、フルーティング（縦溝）付きのイオニア式ジャイアントオーダーの4本柱があり、両端に角型ピラスター（付柱）があります。

設計者の矢部又吉（1888-1941）は、1905年（明治38）7月、工手学校（現工学院大学）建築学科を卒業し、短期間、妻木頼黄の下で修業をし、1906年（明治39）、ドイツに渡り、シャルロッテンブルグ大学（現ベルリン大学）で学ぶと同時に、日本に長い期間滞在してドイツに帰国した、ゼール（前著項10, 24, 31、42、本著項3）の下でも学び、1911年（明治44）、帰朝しています。

　義父が川崎財閥系の日本火災の重役だったということで、矢部は川崎貯蓄銀行の建物の設計を数多く手がけていますが、現在は、ほとんどが改築されたり、ファサード保存の状態です。大阪には、写真の他に矢部又吉の設計と思われる旧川崎貯蓄銀行大阪支店（現堺筋倶楽部）もありますが、本著では旧福島出張所の他に旧川崎貯蓄銀行佐倉支店（項10）と旧川崎貯蓄銀行富沢町支店（項14）を取り上げています。

　矢部は、プロイセン帝政末期のバロック様式や新古典主義の記念碑的建築に学ぶことが多かったようですが、ゼールに学んだことでわかるように分離派やユーゲント・シュティールの影響も受けています。銀行の建築には安定感が求められますから、矢部の作品も、一見古風ですが、新しさも感じられるのは、そうしたことも背景にあるからだと思われます。（晃人）

＜参考文献＞・『工手学校一覧　明治41年版』工手学校、明治41年
　　　　　・宮本和義・アトリエM5『近代建築散歩　東京・横浜編』小学館、2007年
　　　　　・横浜開港資料館編『よこはま人物伝　歴史を彩った50人』神奈川新聞社、1995年

◇40 緒方洪庵訳：ドイツ医師道「扶氏医戒之略」

○緒方洪庵の適塾
- 大阪市中区北浜三丁目 3-8
- 最寄駅：京阪本線・地下鉄御堂筋線「淀屋橋駅」徒歩2分
  京阪本線・地下鉄堺筋線「北浜駅」徒歩4分
- 建物が国の重要文化財

愛珠幼稚園の隣にある「適塾」 2017.10.6

　この項では、主に、緒方洪庵（1810-1863）が蘭書から翻訳した、ドイツ人医師、フーフェランド（Chrstoph Wilhelm Hufeland, 1762-1836, ベルリン大学教授）の医師の心得「扶氏医戒之略」について記述します。幕末の蘭方医、杉田成卿（1817-1859）は、杉田玄白（1733-1817）の孫で、フーフェランドの『済生三方医戒附刻』を翻訳（1849）していますが、優れた蘭方医でかつ稀有な教育者でもあった緒方洪庵もま

た、フーフェランドの著書『医学必携 30 巻』を 20 年かけて『扶氏経験遺訓 30 巻』（1857）のタイトルで翻訳、発刊し、巻末に扶氏の「医戒（医師の心得）」を 12 条章にわかりやすく要約したことで、後身に大きな影響を与えました。

ここでは、その一部だけ紹介しますが、一番目には「医ノ世ニ生活スルハ人ノ為ノミ己ノタメニアラスト云フヲ其業ノ本旨トス（中略）唯己ヲ捨テ人ヲ救ハンフヲ希フヘシ人ノ生命ヲ保全シ人ノ疾病ヲ復活シ人ノ患苦ヲ寛解スルノ外他事アルモノニ非ス。」とあり、二番目に「病者ニ対シテハ唯病者ヲ視ルベシ貴賤貧富ヲ顧ルフ勿レ（以下略）」があり、七番目に「不治ノ病者モ仍其患苦ヲ寛解シ其生命ヲ保全センフヲ求ムルハ医ノ職務ナリ棄テヽ省ミザルハ人道ニ反ス譬ヒ救フコト能ハザルモ之ヲ慰スルハ仁術ナリ片時モ其命ヲ延シフヲ思フベシ（以下略）」があります。

現代にあっても医師道はまさにこうであって欲しいものです。幕末の洪庵らは医学の知識や技術だけでなく医師道まで西洋に学んでいたのです。

適々斎塾または適々塾（普通略して適塾と称します）に学んだ者は 600 人以上とも 1000 人以上とも言われていますが、有名人としては次のような人々がいます。

池田謙斎（本著項 52 参照。洪庵養子。東京帝国大学初代医学部綜理。日本初の医学博士。男爵）・**石坂惟寛**（陸軍軍医総監）・**石田英吉**（海援隊士。秋田県令、千葉県知事、農商務省次官、貴族院議員。男爵）・**大鳥**

圭介（本著項8参照。蝦夷共和国陸軍奉行。工部大学校校長、学習院院長。駐清公使。男爵）・大村益次郎（村田蔵六。日本近代陸軍創設。維新後暗殺）・久坂玄機（塾頭。海防僧月性の友人。久坂玄瑞の兄）・佐野常民（日本赤十字社初代総裁。大蔵卿、農商務大臣。伯爵）・杉亨二（日本統計学の祖。官僚。法学博士）・高松凌雲（本著項8参照。箱館戦争時両軍の負傷兵を治療）・高峰譲吉（アドレナリンの発見。タカジアスターゼで巨利を得る）・武田斐三郎（成章。本著項1参照。函館五稜郭の設計。後、陸軍大佐。陸軍大学教授）・手塚良仙（良庵。医師。伊東玄朴らとお玉が池種痘所を設立。西南戦争に軍医で従軍、赤痢に罹り、長崎陸軍病院で死亡。本著項61の漫画家、手塚治虫の曽祖父）・長与専斎（本著項50、52参照。内務省初代衛生局長。貴族院議員）・橋本佐内（安政の大獄で処刑。弟は陸軍軍医総監、子爵の橋本綱常）・花房義質（外交官。枢密顧問官。日本赤十字社社長。子爵）・福沢諭吉（慶応義塾を創立）・箕作秋坪（旧姓菊池。箕作阮甫の三女と結婚。三叉学舎の創立。次男の菊池大麓は東京帝大総長、文部大臣、男爵）・本野盛亨（現佐賀市久保田町誕生。官僚。実業家。子安俊らと読売新聞創業。子爵。本著項37の建築家、本野精吾の父）・柏原学而（孝章。徳川慶喜の侍医）

　このように、適塾は各界に渡って、綺羅星のごとく人材を輩出しています。また、適塾は大阪大学の源流の一つと目されており、適塾の諸施設は同大学の管理下にあります。
　なお、建物の軒が不自然に短いのは道路拡幅で軒が2mほど切り取られたためです。（晃人・まき）

＜参考文献＞・緒方洪庵「扶氏医戒十二要」、小原頼之（編）『医箴叢語』中の第三編に所収、医学時報社、明治27年
　　　　　・西川義方『内科診療ノ実際』（第三版）南山堂、大正13年

◇41 新大阪駅舎内のドイツ風料理店

　大阪のドイツ料理店の中で、駅から至近で、ランチサービスがあって、一人でも入りやすい店を条件に探しましたが、ここでは大阪で数ヶ所経営しているキリンケラーの「キリンケラーヤマト　新大坂店」を選びました。酒の肴には、一品物も多く、安価で「大衆的なドイツ風料理店」です。

　場所は、JR新大阪駅や地下鉄御堂筋線新大阪駅の駅舎構内にありますから、列車の長めの待ち時間に使うのに便利です。（晃人・まき）

○「キリンケラーヤマト　新大阪店」
・JR新大阪駅（中央口）、地下鉄御堂筋線の新大阪駅から徒歩1分
・月 - 金　11:00-23:30（フードL.O.21:00, ドリンクL.O.21:30)
　土・日・祝　11:00-22:00（フードL.O.21:00, ドリンクL.O.21:30)
・カウンター席あり。店の紹介に「一人でも入りやすい」とあります。
・全席喫煙可（2017秋現在）/定休日：なし。

左・「キリンケラーヤマト 新大阪店」／右・コースター　2017.10.5

◇42 ドイツパン工房：キルシュブリューテ（大阪市西区）

○ 大阪のドイツパン工房：キルシュブリューテ
- 西区 3-11-6-101/06-6541-8585/地・千日前線「西長堀」徒歩4分
- ⓘbaeckerei-kirschbluete.com/access/
- 営業日(2017.10.3以降)：火 - 土（火 - 土が祝日の場合も営業）
- 営業時間：10:00-19:00/電話、Fax、メール 注文可（代引きのみ）

　大阪のドイツパンというと、「キルシュブリューテ」（桜の花）が有名です。実際に工房＆カフェに行ってみて、真面目な取り組みだな、と思いました。パンには、シュバルツブロート（ライ麦100％の黒パン）、ディンケルブロート（亜麻の実がプチプチ、生地はふんわり。栄養たっぷりオールマイティなパン）、バウエルンブロート（ライ麦70％のシンプルな食事パン）、ヴァイツェンミッシュブロート（ライ麦20％のヨーグルト入りパン、80％は全粒小麦粉と小麦粉。ふんわりもちもち感）等々いろいろあります。（晃人）

キルシュブリューテ　2017.10.6

◇43 地動説を記した江戸時代の町人学者（高砂市・大阪市）

　山片蟠桃（1748-1821）は、江戸時代の大坂の町人学者です。蟠桃は両替商「升屋」の番頭でしたが、その著書の中で、ドイツ系ポーランド人コペルニクスらが唱えた「地動説」を記述し、「地球外生物の存在」にまで言及した、まさに先駆的な学者でした。蟠桃は天文学を、天文学者麻田剛立（杵築藩主侍医。脱藩。グレゴリー式望遠鏡を使って日本初の月面観測図作成。また、世界に先駆けて8年後の日食を予測）に習いましたが、1803年（文化3）頃完成した著書『夢之代』は、天文、地理、経済、歴史、解剖学等々を記述した大著で、天文の章では、ドイツの「ケフレル（ケプラー）」、イギリスの「ニウトン（ニュートン）」の名前まで登場しています。また、蟠桃は、完璧な合理主義者で神や仏や化物を否定する無神論者でした。

　いっぽう、蟠桃は、商才も発揮し、経営破綻状態の取引先、仙台藩の財政改善に成功し、それで得た巨利をさらに運用で増やし、升屋の経営の健全化にも貢献しています。升屋は功労者の蟠桃に升屋の山片姓の使用を許し、のれん分けをしています。蟠桃の本名は長谷川芳秀ですが、もちろん、「蟠桃」の筆名は「番頭」のもじりです。

　芳秀（蟠桃）は、丁稚時代から、仕事の合間に勉学することが許され、生涯、商業と学問の二足の草鞋を履いています。学問を大事にするのは大坂商人の特質であり、良き伝統だったのです。

芳秀（蟠桃）は、1748年（延享5）、現在の兵庫県高砂市米田町神爪に生まれますが、生地に近い「かんな公園」（神爪5-4）には銅像（写真）が建てられています。「ばんとう通り」や覚正寺の「蟠桃顕彰碑」も近くにあります。

　生家は、農家兼在郷商家で、芳秀は父の商売を手伝いながら育っています。13歳の時、大坂の伯父の養子となって、芳秀は生涯を大坂で過ごすことになります。（晃人）

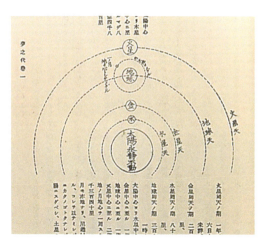

　　山片の太陽系図（楕円軌道ではないです）　　　　山片蟠桃　2017.10.3

＜参考文献＞・山片芳秀（蟠桃）編輯『夢之代』文政3、滝本誠一編纂『日本経済大典　第三十七巻』啓明社（予約非売品）、1929年
　　　　　・金子務『江戸人物科学史―「もう一つの文明開化」を訪ねて』中公新書、2005年

◇44 ドイツ人とチェコ人が共同設計したホテル（神戸市）

〇旧オリエンタルホテル（3代目/現存しません）
・神戸市海岸通/1907年（明治40）頃
・設計者：ゲオルグ・デ・ラランデとヤン・レッツェル

「オリエンタルホテル3代目※(現存せず)」

　旧オリエンタルホテル3代目は、1907年（明治40）の竣工ですが、風見鶏の家の設計をしたドイツ人、ゲオルグ・デ・ラランデ（Georg de Lalande, 1872-1914）とチェコ人の分離派建築家、ヤン・レッツェル（Jon Letzel, 1880-1925）の共同設計と言われています。二人は、エジプトで出会った知人関係ですが、レッツェルはラランデの事務所で働くために、来日します。なお、項43で記述するように、レッツェルは、広島県物産陳列館（原爆ドーム）の設計者です。（晃人）

<参考資料>・手彩色絵葉書「オリエンタルホテル3代目」、発行元等不明

◇45 初代九州鉄道から移設された跨線橋（兵庫県明石市）

○旧小久保跨線橋（元九州鉄道 橋梁）
- 明石市小久保1-10-3 上ケ池公園内（西明石駅北 200m）
- 1890年（明治23）頃、九州鉄道がドイツから輸入したものの一つ
- 1927年（昭和2）、九州から移設、1994年（平成6）、本公園に移設
- ボウストリングトラス。ピントラス構造（トラス＝三角形の部材の接合にピン＝鉄の棒を用いるもの）。ハーコート社製。
長さ30.00m、幅4.42m、高さ4.35m。国指定登録有形文化財

旧小久保跨線橋 2017.10.3　　　結節部

　この橋梁は、1887年（明治20）11月、来日したドイツ人技師、ヘルマン・ルムシュッテル（Hermann Rumschöttel, 1844-1918）の指導で九州鉄道が輸入したものですが、後、車両の大型化で各地の道路橋に転用されたものの一つです。旧小久保跨線橋は、1927年（昭和2）、2基分を移設し、後、複々線化のため、1961年（昭和36）、1径間が追加されています。1994年（平成6）、新跨線橋が完成したため、1基分だけ公園に移設し、保存されることになりました。（晃人）

◇46 原爆ドームと元の姿（広島市）

○原爆ドーム（広島平和記念碑）
- 1945年（昭和20）8月6日、広島市に投下された原子爆弾の惨禍を今に伝える記念碑（被爆建造物）／最寄駅：市電「原爆ドーム前駅」
- 国の史跡、ユネスコの世界遺産（文化遺産）に指定
- 元広島県物産陳列館-元広島県立商品陳列所-元広島県産業奨励館
- 1915年（大正4）竣工／設計：チェコ人ヤン・レッツェル・煉瓦造り、石材とモルタル外装、3階建て、中央部のみ5階建て、中央部最上部に楕円形のドーム（長軸11m、短軸8m）、建坪310坪

左・原爆ドーム 2017.11.19　　右・広島県立商品陳列所（戦前の絵葉書）

　設計者のヤン・レッツェル（Jon Letzel, 1880-1925）は、オーストリア=ハンガリー帝国時代、ボヘミア地方の小都市に誕生したチェコ人です。彼の師は、ウィーン分離派の中心人物の一人、建築家、ワーグナー（Otto Wagner, 1841-1918）の弟子、ヤン・コチェラでした。

そうした背景もあって、項44で触れたように、1907年（明治40）、レッツェルはドイツ人建築家、デ・ラランデに招かれたのでしょう。レッツェルの作品は、日本各地にありましたが、ほとんどが火災、震災、空襲で失われ、残っているのは聖心女学院の正門ぐらいです。

　レッツェル設計の広島県物産陳列館の竣工は1915年（大正4）4月です。煉瓦造りで石材とモルタルによる外装をした、3階建て（一部5階建て）で、楕円形のドームなどバロック建築の特徴を持っていますが、痛々しい状態になった建物の各所に分離派風、ユーゲント・シュティール風の意匠が残っています。

　元安川の川面に映える、広壮な洋館は、庭園には樹木が植えられ、洋式庭園には噴水があり、和式庭園には四阿（東屋）があって、広島市民の憩いの場所でもあったのです。前著で触れましたように、1919年（大正8）3月4日から13日まで、ここで「似島独逸俘虜技術工芸品展覧会」が開かれ、ドイツ人捕虜、ユーハイムが日本で初めてバウムクーヘンを焼いて、販売した記念すべき場所でもありました。

　晃人の伯父、まきの大伯父は、広島の陸軍病院に入院中爆死しています。原爆は一瞬にして何もかも消滅する悪魔の兵器です。

　なお、晃人はなぜか少年時代からカープファンです。広島大学に学んだまきも、まきの母、かずもカープファンです。ちなみに、わが家は車も広島のマツダです。（晃人・まき）

＜参考文献＞・矢田部順二「原爆ドームの来歴とヤン・レッツェル―日＝チェコ文化交流史の視点から―」『修道法学』（39-2）、2017年
・戦前の絵葉書「廣島商品陳列所」、発行所等不明／晃人蔵

◇47 広島のドイツ料理レストラン（広島市）

　ネットで検索しますと、広島にも「ドイツ料理人気上位○店」といった情報もあります。それらを手掛かりに、本著の勝手な基準「アクセスがいい、ランチがある、できれば全席禁煙」で探したところ、中区大手町の「コモン」が浮上しました。今回は、時間の都合もあって、ランチではなく、ディナーの時間帯に一家で同店を訪ねました。マスターは、20年間、ドイツのハンブルク等に住み、15年間、ドイツ人にも人気のあるレストランで働いたそうです。この店のドイツビールとドイツ料理は本当においしいものでした。（まき）

○コモン（小紋）
・広島市中区大手町3-3-2 ダイアパレス大手町1F/082-258-9649
・市電「中電前」徒歩2分、「袋町」徒歩5分、「市役所前」徒歩6分
・ランチ：11:30-14:00（L.O.13:30/ディナー：17:30-23:00（L.O.22:30）
・定休日:日曜日/席数：28（全席禁煙）

左・店舗入り口/右・店内 2017.11.20

◇48 下関とドイツゆかりの建物（山口県下関市）

　下関市は、聞き慣れた地名ですが、実は、赤間関市から下関市となったのは、1902年（明治35）のことです。下関港もわが国の他の主要港と同様、早くから諸外国と関わりを持っていますから、同市には、近代洋風建築が各所にあります。本項では、同市の雰囲気を伝えるため、ドイツと直接関係のない建物もあえて紹介しています。

〇旧滝部小学校（現下関市立豊北歴史民俗資料館「大翔館」）
- 下関市豊北町大字滝部3153番1/083-782-1651
- 山陰本線「滝部駅」徒歩10-15分　駅構内タクシー連絡所あり
- 1924年（大正13）竣工/設計：ドイツ人（名前未詳）/木造
- 9:00-17:00開館（入館料なし）
- 休館日：月（月が祝日または振替休日の場合は翌平日）
- 山口県指定有形文化財

旧滝部小学校　2017.7.15

豊北町は、2005年（平成17）の合併で、下関市の一部となりましたが、同市の北部に位置し、北は日本海、西は響灘に面しております。滝部は海から6キロ程離れた内陸部の小盆地にある、小さな商業の中心地です。下関―滝部間は、山陰本線各駅停車で、早くて1時間10分程度は要します。

　こうした山間の小さな町に、1924年（大正13）、写真のようなルネサンス様式の小学校が建てられたのですから驚きです。これは滝部小学校出身で、中山太陽堂（現クラブコスメチック）を創業し、化粧品業界で大成功を収めた、中山太一（実業家。政治家。貴族院議員）と二人の弟が巨額の寄付をして建てたものです。

　ドイツ人技師（名前未詳）が設計したと言われていますが、中山は、メセナ活動にも熱心で、阪神間モダニズム勃興の支援者であったことからすれば、そういうこともあり得ただろうと思われます。施工は、毛利藩宮大工の流れを汲む豊北の「阿川大工」の棟梁、橋本銀之助が担当しています。

〇旧赤間関郵便電信局　（現下関南部町郵便局局舎）
・山口県下関市南部町22-8
・083-782-1651
・バスが便数も多く便利：下関駅から「唐戸（乗車7分）」下車徒歩2分
・1900年（明治33）竣工／レンガ造り／現役最古の郵便局舎
・設計：三橋四郎
・国の登録有形文化財建造物

旧赤間関郵便電信局　2017.7.16

　赤間関郵便電信局は、この時期、逓信省技師だった三橋四郎（本著項34参照）が設計し、1900年（明治33）、竣工しています。1902年（明治35）、下関郵便電信局となり、1975年（昭和50）、同局が移転すると、この局舎に新規の下関南部町郵便局が入り、現在は下関東郵便局となっています。三橋は、1898年（明治31）、東京帝国大学工科大学造家科卒業後、陸軍省 - 逓信省 - 東京市の技師を経て、1908年（明治41）、三橋建築事務所を開設しています。

　写真に見るように、三橋の建築は、初期はクラシカルな作風ですが、後、セセッション（ウィーン分離派）の影響を受けた作品で知られています。ただ、初期の作品も、先輩たちの重々しい建築と違って、簡潔、軽快な作風になっているのは、この人の次代の建築への意識が反映しいるものと思います。

〇旧不動貯金銀行下関支店（現山口県労働金庫下関支店）
- 下関市南部町 21-23/住所でわかるように旧赤間関郵便電信局の左裏斜めにある。
- 083-782-1651
- 便数も多くバスが便利：下関駅から「唐戸（乗車7分）」下車徒歩2分
- 1934年（昭和9）竣工/設計：関根要太郎
- 鉄筋コンクリート造り2階建て/岡隆一の免震構造工法を採用

旧不動貯金銀行下関支店　2017.7.15

　関根要太郎の建築というと、ドイツのユーゲント・シュティールに影響を受けた清新で瀟洒な作品を思い浮かべますが、この建物は、関根が関わった、東京の旧多摩聖蹟記念館や、函館の亀井喜一郎邸などに比べると地味で古風です。当時、関根は、岡隆一の免震構造工法に第一の関心を寄せていたからだとも言われています。

○旧逓信省下関電信電話課庁舎（現田中絹代ぶんか館）
・下関市田中町 5-7 /JR下関駅からバス 7 分「西の端」下車徒歩2 分
・1924 年（大正 13）竣工/設計：逓信省営繕課/下関市有形文化財

旧逓信省下関電信電話課庁　2017.9.26

左・室内の柱/右・ブラケット（持越し）　2017.9.26

この建物はウィーン分離派＝セセッション（ドイツのユーゲント・シュティール/フランスのアール・ヌーボー）の流れを汲んでいて、かつての重厚で威圧的な建物とは異なって、曲線を用いた軽快で瀟洒なデザインになっています。室内（2F）のブラケット（持越し）や柱上部の装飾などは斬新です。田中絹代の資料撮影は厳禁です。室内の建築部分撮影は許可を得ています。（晃人）

○参考１：旧秋田商会ビル（現観光情報センター）
・下関市南部町 23-11/・便数も多くバスが便利：「唐戸」下車歩 2 分
・1915 年（大正 4）竣工/鉄骨鉄筋コンクリート造り/和洋折衷
・開館：9:30-17:00（最終入館 16:40）/無料/休館：12/29-1/3

○参考２：旧下関英国領事館（現資料館・カフェ・パブ等）
・下関市唐戸町 4-11/バス停「唐戸」下車歩 1 分
・1906 年（明治 39）竣工/設計：ウィリアム・コーワン
・レンガ造り、桟瓦葺、本館 2 階建て・附属屋平屋建て
・国の重要文化財

左・旧秋田商会ビルと右・旧下関英国領事館 2017.9.26

＜参考文献＞・下関市市史編集委員会『下関市史・市制施行－終戦』下関市、1983 年

◇49 分離派建築の最高傑作（北九州市門司区）

〇旧逓信省門司郵便局電話課庁舎（現門司電気通信レトロ館）
- 北九州市門司区浜町4-1/門司港駅から徒歩10分/門司港駅前から西鉄バスに乗り「レトロ東本町1丁目」下車徒歩1分/
- 1924年（大正13）竣工/鉄筋コンクリート造り3階建て/設計：山田守
- 開館：9:00-17:00（最終入館16:30）/無料/休館：月、年末年始

旧逓信省門司郵便局電話課庁舎 2017.9.26

　この建物は、わが国の分離派建築の最高傑作の一つと言われています。シンプルでモダンな作品です。設計者の山田守（1894-1966, 本著項18参照）は、1920年（大正9）、堀口捨己ら東京帝国大学建築学科の学生6名と分離派建築会を結成しています。欧州の分離派との関係は把握していませんが、革新的な若者が欧州の分離派を意識していなかった、ということはないと思います。全体に簡潔ですが洗練された

センスが光っています。1924年(大正13)の作品ですが、入口のデザインは「鉄人28号」やスターウォーズの「ダースベイダー」、「ジャイアントロボ」や「はに丸王子」の顔に見えませんか？

ユニークな入口

この建物の1階は過去から現在までの通信機等を展示する博物館となっています。興味深い機器を多数そろえてありますので、コミュニケーション手段の歴史に関心がある人は、一度、訪問されることをお勧めします。ところで、芸術の世界では、過去を否定し、新たに大胆な創造を生み出すことを強調しますが、新しい作品のすべてがいいわけではありません。鑑賞者は、歴史家、評論家、作家の言説に惑わされず、古今東西の作品の中から好きな作品を探せばいいのです。その自由さが芸術のいいところです。

山田は、大学卒業後、逓信省営繕課に勤務しますが、初期の作品には、東京中央電信局（1925年、現存しません）、御茶ノ水駅隣の聖橋（1927年）、新潟市の萬代橋（1929年）があり、1929年（昭和4）から1930年（昭和5）にかけて、逓信省の命で、渡欧し、ベルリンに滞在しています。山田守の晩年の作品には、日本武道館（1964年）や京都タワー（1964年）などがあります。　（晃人・まき）

＜参考文献＞・建築家山田守展実行委員会編『建築家山田守作品集』東海大学出版会、2006年

◇50 クリスマスマーケット福岡 2017（福岡市）

　福岡では、秋には、ドイツ公認のオクトーバーフェストが催されていますが、年末には、札幌、東京、横浜、名古屋等と同様、ドイツ風クリスマスマーケットが大々的に催されています。

　福岡では、例年、博多駅前（11月中旬 - 12/25 まで）と天神（市役所前、11月末 - 12/25 まで）の二会場があります。平日は、午後5時、イルミネーションの点灯式があり、ヒュッテでクリスマスグッズや飲食物の販売、中央ステージで演奏等が始まります。土、日は、両会場とも正午開場です。

　飲み物はホットワイン（マグカップ付き 1000 円/2017 年）が人気です。マグカップの絵柄は両会場で違います（次頁参照）。貴方はどちらを選びますか？　迷うなら両方選べば解決です。（晃人・まき）

♪ 左・博多駅前 2017.11.21/右・同会場ヒュッテ 2017.11.21 ♪♪

★2017マグカップ：あなたはどっちが好き？★

左・博多駅前用★右・天神会場用

♪♪♪土曜日お昼の天神会場　2017.12.16♪♪♪

★ブレッドボウルとホットワイン★

◇51 初代九州鉄道遺構の城山三連橋梁(筑紫野市)

　九州鉄道の恩人、ドイツ人技師、ヘルマン・ルムシュッテル(Hermann Rumschöttel, 1844.11.21-1918.9.22)については、前著でも本著でも触れましたが、写真の城山三連橋梁は、1889年(明治22)、ルムシュッテルの指導により、初めて旧九州鉄道が博多駅 - 千歳川仮停車場間が開通した際に架けられたものです。

　資材はドイツから輸入されたと言われていますが、レンガ造り(イギリス積み)の三連アーチ橋は幅4.7m、長さ24.5mの美しい橋梁で、現在、国の登録有形文化財に指定されています。

　城山三連橋梁は、1920年(大正9)、複線化に伴い鉄道が東寄りに移されましたので、現在は県道17号線(鳥栖筑紫野道路)と並行する市道を支える橋となっています。橋上の市道は交通量も多いのですが、市道や県道からは見えないため、この橋梁に気付く人は少なく、田園の中にひっそりたたずんでいるという印象です。

　筑紫野市内では、JR九州線の鷲田川(二日市)、宝珠川(原田)にも当時のレンガ造りの橋梁が残っています。

　なお、ルムシュッテルは、英語、仏語に通じ、学識が深く、温厚でかつ精力的でしたから、九州鉄道だけでなく、日本の鉄道界に大きな功績を残し、優秀な日本人技術者の育成にも貢献しています。ドイツに帰国後も鉄道関係の要職に就き、ベルリンの名誉市民に選ばれています。(晃人)

○「城山三連橋梁」
- 福岡県筑紫野市永岡(ながおか)
- 西鉄桜台駅(にしてつさくらだい)から南西(なんせい)1k、JR原田駅(はるだ)から北方約(ほっぽうやく)2k(原田駅からタクシーで往復(おうふく)1650円＝2017年6月時点(じてん))
- すぐ近くにあるJR基山駅(きやま)と「城山(きやま)」は混同(こんどう)されやすいのでタクシードライバーには丁寧(ていねい)な説明(せつめい)が必要(ひつよう)です。
- 見学自由(けんがくじゆう)。橋(はし)の奥(おく)に駐車(ちゅうしゃ)1台(だい)のスペースがあります。
- 国登録有形文化財

城山三連橋梁　2017.6.15

〈参考資料〉・上村直己『九州の日独文化交流人物誌』熊本大学、2005年
　　　　　・ⓘ www.city.chikushino.fukuoka.jp/kyoikubu/bunka-joho/kiyamasannrennkyouryou/html

◇52 不運の人、相良知安とドイツ医学Ⅰ（佐賀・東京）

　相良知安（1836-1906）は、維新後、わが国にドイツ医学を導入し、わが国の近代医学制度の基礎を確立した大功労者です。しかし、ドイツ医学の導入は、当時、イギリス医学の導入を当然視していた主要官僚の面々、特に、文教の元締め、知学事の土佐藩の山内容堂（豊信）、薩摩藩の重鎮らを敵に回して勝ち得た結果でしたから、大きなしこりを残し、相良は悪質な意趣返しに遭うことにもなります。

　相良知安は、1836年（天保7）、佐賀城下八戸の藩医、相良長美（六世柳庵）の三男に生まれ、佐賀の弘道館、蘭学寮、医学寮（好生館）で学び、後、江戸に遊学し、佐倉藩の順天堂塾で学び塾頭として頭角を現わします。さらに、長崎でオランダ人軍医、ボードイン（知安、助手を務める）に師事し、「精得館」の館長を務めます。また、長崎の佐賀藩英学校「致遠館」でオランダ生まれのアメリカ移民宣教師、フルベッキに英語や法律を学んでいます。

　1868年（慶応4/明治1）、佐賀の好生館指導方差次及び藩主鍋島直正の侍医となります。1869年（明治2）1月、学友の岩佐純（福井藩出身）と共に新政府の「医学校取調御用掛」となりますが、二人はドイツ医学の優秀性を知っていましたし、フルベッキの勧めもあって、ドイツ医学を導入すべきことを、土佐藩や薩摩藩出身の高官相手に説き、その結果、ドイツ医学の導入に成功したのです。（晃人・まき）

◇53 不運の人、相良知安とドイツ医学Ⅱ（佐賀・東京）

　1869年（明治2）5月、相良と岩佐は共に徴士（議事官）となり、同年7月、二人同時に大学少丞となり、同年10月、知安は権大丞となります。

若き日の相良知安（長崎時代）

　しかし、1870年（明治3）9月13日、相良は、突然、前年設置された弾正台（2年後司法省に吸収）に逮捕されます。弾正台は、元々、律令制下で監査と治安維持を目的とする組織でしたが、維新後設置された弾正台も建前上は官員の不正等を摘発する組織でした。しかし、実態は尊攘派の不平分子の吹き溜まりで、キリスト教信者や、政敵の開国派の人々を弾圧する「装置」となっていました。相良と岩佐は、部下のM（現在の千葉県生まれ。戊辰の役の軍功で旧薩摩藩士となる）の英和辞書購入に関わる公金不正使用の件で罪が問われたのです。

　しかし、相良には、逮捕7ヶ月後の翌年4月末に、1回の事情聴取があったのみで拘禁が続けられています。監督不行届きの罪はあったとしても、相良の扱いには理解しにくい部分があります。これは土佐派による「意趣返し」と思われるのです。この時、弾正台幹部の少忠

は土佐出身で、後に、大久保利通の腰巾着となった河野敏鎌(佐賀の乱後の杜撰な裁判で恩義のある江藤新平を斬罪梟首に導いた男)です。1871年(明治4)11月5日付で、司法省は、相良知安に禁錮1年半を、岩佐純に贖金(賠償金)四両二歩の判決を言い渡しますが(国立公文書館文書)、同年同月27日には、釈放されていますので、拘禁期間が禁錮期間に算入され、さらに4ヶ月の短縮がなされたようです。なお、1872年(明治5)8月9日、特命をもって相良の禁錮刑を免ずる「達」(国立公文書館文書)が太政官から司法省へ発せられています。1871年(明治4)7月、弾正台は廃止となって業務は司法省に引き継がれますが、密偵業務は太政官正院監部が引き継ぎ、取り締まり役に参議、大隈重信が就き、1872年(明治5)4月25日、初代司法卿に佐賀出身の江藤新平が就任し、前年、同じく文部卿に佐賀出身の大木喬任が就いていたことは、相良の冤罪を晴らすことに力になったと思われます。

　相良と岩佐が計画したドイツ人医師2名の招聘は、普仏戦争で遅延し、1871年(明治4)8月、ようやくレオポルド・ミュルレル(外科学)とテオドール・ホフマン(内科学)が来日しましたが、相良はなお拘禁中でした。復職した相良は、1872年(明治5)10月8日、五等出仕(月俸200円)となって、第一大学区医学校(旧大学東校-旧東校-後の東大医学部)校長に就任します。また、1873年(明治6年)3月19日、文部省築造局長、同24日、同省医務局長を兼務しますが、同年4月19日、大木が、文部省を去り、文部卿が欠員状態で田中不二

鷹少輔(この年大輔となる)が最高実力者となると、同年6月13日、相良は両局長を解任されます。相良の後任には、岩倉使節団で田中理事官に仕えた長与専斎が就いています（国立公文書館長与専斎履歴書）。理由の一つは、田中は目障りな相良の力を削ぎ落としたかったのだと思います。後、田中自身も「教育令の失敗」を理由に文部省を追われますが、官僚の派閥抗争も熾烈なのです。

また、同年7月24日、相良は、省内5位の四等出仕（月俸250円）となりますがここが知安の頂点で、翌年、1874年（明治7）9月30日、本官免職、位記返上となり（国立公文書館相良知安履歴書）、東京医学校(医学校から改称)校長も解任となります。10月3日、今回も後任校長には長与専斎が就いています。罷免の理由には佐賀の乱首謀者、江藤新平のシンパだったことなども考えられますが、表向きは政府都合による免官となっていて、相良には免職賞賜金250円が与えられています（国立公文書館文書）。同時に文部省を免官となった7名中6名は、後、判事等々で復職しますが、相良は、辻易者になります。歴史にたらればは禁句ですが、相良も、その圭角（性格のかど）を包み、もう少し要領が良かったら、相当出世したはずですが、相良は官僚の世界に背を向けたのです。

しかし、市井の人相手の辻易者では、権妻と貧乏長屋で暮らすのがやっとで、佐賀にいる正妻の多美と二人の子どもには殆ど経済的支援はできなかったでしょうから、知安の心中には忸怩たる思いもあったのではないかと推察しています。（晃人・まき）

◇54 不運の人、相良知安とドイツ医学Ⅲ（佐賀・東京）

　罷免後の相良知安は、1875年（明治8）10月16日、もう一つ大きな不幸に見舞われます。それは、5歳年下の弟、相良元貞（1841 - 1875）が、留学先のドイツで病を得て帰国し、35歳の若さで亡くなった、ということです。

　元貞は、佐賀の弘道館、医学校「好生館」で学び、後、江戸で松本良順に就き、佐倉の順天堂塾で修業しますが、順天堂塾では会頭を務め、「ヒルトル解剖書」と「ストクハルドト舎密書」（舎密はオランダ語のchemieで化学）を医学生に教えています。

　1868年（明治元）12月10日、元貞は、医学校創立時に試補となり、翌年7月、大学東校（旧医学校）の中助教兼大寮長に進み、1870年（明治3）2月、大阪医学校の中教授となります。元貞は、1870年（明治3）10月、知安や岩佐が計画した「明治政府第1回派遣留学生」の9人の一人に選ばれ、同年12月3日、横浜港から出帆しています。

　元貞は、ベルリン大学で学びますが、1874年（明治7）の冬学期からライプチヒ大学に転籍しています。しかし、解剖学実習時の手指の負傷から発症した感染症と肺病の治療を受けるために、ライプチヒ大学附属病院に入院しますが、元貞の治療を担当したのが、かのエルヴィン・フォン・ベルツだったのです。

　ベルツは、元貞と知り合ったことで日本に関心を持つようになりますが、元貞を通じてベルツの人柄と深い学識を知った知安は政府にベ

ルツ招聘を要望しています。1876年（明治9）、来日したベルツは、日本の医学や文化に大きな影響を与えましたが、そのきっかけを作ったのは旧佐賀藩出身の相良兄弟だったのです。

　余談になりますが、漫画家、手塚治虫（本著項65参照）の曾祖父、手塚良仙（良庵。本著項40参照）は、伊東玄朴らのお玉が池種痘所創設に関わっていて、当時、その流れを汲む大学東校の中得業生（助手）でしたので、元貞と面識があったかと思います。

　ところで、知安は、1885年（明治18）7月9日、「文部省編輯局准奏任官御用掛」に採用されています。月俸80円で、かつての250円に比べたら低額ですが、当時、小学校教員の初任給は5円でしたから、これでもかなりの高給だったのです。

　この時も、文部卿は同郷の大木喬任でしたが、大木は不遇の相良にもう一度チャンスを与えたかったのだと思います。しかし、同年12月22日、大木は文部卿を辞任し、同日、森有礼が初代文部大臣になっています。叙勲申請時の履歴書（国立公文書館）によりますと、相良は、同月28日、非職扱いとなり、1888年（明治21）12月27日、非職の満期を迎えます。非職は有給も多かったので、相良もそうだったかと思いますが、正確なところはわかっていません。

　困窮していた相良の貧乏長屋には、元部下で、後、軍医総監、子爵となった石黒忠悳や、同郷の高官、副島種臣、ドイツでコッホに学んだ世界的な医学者、北里柴三郎のように、訪ねてきては、会話をし、帰り際にそっとお定に金品を手渡す人々もあったのです。（晃人・まき）

◇55 不運の人、相良知安とドイツ医学Ⅳ（佐賀・東京）

　1898年（明治31）10月、文部省は、知安の功績に報いるため、終身年金下賜願いを閣議に提出しますが、進展がないため、1900年（明治33）2月22日、文部大臣、樺山資紀は賞勲局総裁、大給恒宛に改めて詮議願いを出しています（国立公文書館文書）。

　この時は、併せて、相良知安に対する叙勲申請もなされますが、履歴書と業績書の他に、知安の業績を詳しく述べた、元同僚、友人、知人17名の連名、連印による文部大臣宛の要望書も添付されています（国立公文書館文書）。以下17名の経歴、肩書には要望書提出後に得られたものも含まれています。

- 池田謙斎（緒方洪庵養子/独留/東京大学初代医学部綜理/男爵）
- 岩佐　純（佐倉順天堂、長崎で学ぶ/知安同僚/中教授/一等侍医/男爵）
- 石黒忠悳（大学東校勤務/知安の部下/軍医総監/陸軍省医務局長/子爵）
- 橋本綱常（松本良順に師事/独留/橋本左内の弟/陸軍軍医総監/子爵）
- 長谷川泰（長岡藩医。河井継之助を看取る/順天堂入門、松本良順に師事/済生学舎＝私立医学校創立/相良知安の部下。元貞の友人）
- 戸塚文海（適塾やシーボルトに学ぶ/海軍軍医総監/有志共立東京病院院長）
- 高木兼寛（海軍軍医総監/東京慈恵医大創設/脚気栄養因説/男爵）
- 長与専斎（適塾やマンスフェルトに学ぶ/文部省医務局長/東京医学校校長/内務省衛生局長/元老院議員/貴族院勅選議員/大日本衛生会会頭）
- 佐藤　進（佐倉順天堂入門/独留/陸軍本病院院長/順天堂医院院長/男爵）
- 実吉安純（佐倉順天堂で学ぶ/英留学/海軍省医務局長/貴族院勅選議員/子爵）
- 青山胤通（独留/東京帝大医科大学校長/脚気感染症説/男爵）
- 緒方正規（熊本古城医学校、東京帝大で学ぶ/独留/衛生学者・細菌学者/脚気病

原菌説／東京学士会院会員／東京帝大医科大学学長／勲三等瑞宝章）
・三浦謹之助（東京大学医学部卒／ベルツの助手／独留・仏留／東京大学名誉教授）
・山根正次（東京大学医学部で学ぶ／独留・墺留／警視庁第三部長／衆議院議員、一時、豊田芙雄の弟、桑原政らと中正倶楽部で活動／正五位）
・岡玄卿（東京大学教授／独留／侍医頭／男爵）

顔ぶれは一見呉越同舟の観もありますが、わが国医学界の錚々たる面々が、相良知安に年金と勲章を賜るよう希っているのです。同年3月、年金支給の案は見送られましたが、相良知安に勲五等双光旭日章が授与されることになりました。日々、淡々と暮らしていた知安も叙勲の一件は素直に喜んだ様子です。しかし、叙勲後も生活は厳しかったようで、翌年12月、年越しの金がないため、石黒忠悳経由で大隈重信に届けられた、困窮救済嘆願の手紙が早稲田大学に残っています。

相良知安は、1906年（明治39）6月10日、インフルエンザで亡くなります。享年71歳。同月13日、叙正五位があり、また、天皇から祭粢料百円が届けられています。

1935年（昭和10）、題額を石黒忠悳、撰文を東京大学名誉教授入沢達吉とする「相良知安先生記念碑」が東京大

相良知安先生記念碑

左・ミュルレル（外科）　中・ベルツ（内科）　右・スクリバ（外科）　東大構内

学医学部池之端門付近に建てられましたが、2007年（平成19）、医学部附属病院入院棟Ａの前庭に移されています。記念碑には知安の人柄について「人となりは、剛毅果敢で、狷介で妥協せず、自信家でへつらうことがなく、不遇のままに終わった誠に惜しいことである」とあります。知安は個性が強過ぎて、その才覚に相応しい栄達を手にすることはできませんでした。しかし、知安の強い個性がなかったら、わが国のドイツ医学の導入だけでなく、それに続く深い日独交流もなかったかもしれません。知安は知安にしかできないやり方で新時代建設の重要な役割を果たし、わが国近代史に不滅の名前を残したのです。

　なお、本稿作成にあたっては、知安から五代目の相良隆弘先生に、若き日の知安の写真のご提供をはじめ、様々なご教示を賜りました。ここで改めて深く御礼申し上げます。（晃人・まき）

＜参考文献＞・相良知安翁口述「相良知安翁懐旧譚連載（一～二十六）」『医海時報』、明治37年/佐賀県立図書館複写製本蔵
　　　　　・羽場俊秀『相良知安―医と易―』佐賀新聞社、平成26年
　　　　　・ⓘsagarachian.jp/main/1.html　2017.7.7

◇56 「出島三学者」の二人はドイツ人

　長崎の「出島」といったら、江戸時代、鎖国令を布いていたわが国が、門戸を開いていたオランダの人々の居留地ですが、前著にも書いたように、オランダ人と偽って、オランダ商館長を務めたドイツ人をはじめ、商館付医師などに就いた者は何人もいました。オランダを通じてもたらされる日本の自然、文化に関心を寄せるドイツ人も少なくなかったのです。

　出島の代表的な三学者（三人共オランダ商館医）は以下の人々ですが二人はドイツ人です。

　〇エンゲルベルト・ケンペル（1651－1716）

　　ケンペルは、ドイツ人医師で博物学者ですが、1690年（元禄3）から1692年（元禄5）まで出島に滞在し、出島に薬草園を作っています。著書『日本誌』は、没後、先に英語版で発行され、後、仏語版、独語版も出ますが、シーボルト等に大きな影響を与えています。

　〇カール・ツンベルク（1743－1822）

　　ツンベルクは、スウェーデン生まれです。博物学者・生物学者・植物学者のリンネの弟子で、ツンベルク自身医師で博物学者です。出島には、1775年（安永4）から1776年（安永5）まで滞在し、日本から多数の植物標本を持ち帰っています。

〇フィリップ・フランツ・フォン・シーボルト（1796 - 1866）

　シーボルトは、日本人の間でも有名なドイツ人医師・博物学者です。1823年（文政6）から1829年（文政12）まで出島に滞在し、鳴滝塾で日本人に医学、博物学を教えますが、シーボルト事件で国外追放となったことは前著項67でも述べたとおりです。

　シーボルトは、1859年（安政6）にはオランダ商事会社顧問として再来日し、江戸幕府の外交顧問として働き、1862年（文久2）、ドイツに帰国しています。著書として『日本』、『日本植物誌』、『日本動物誌』などがあり、『日本』がドイツのジャポニズムのきっかけになったということは良く知られていますが、これらの書物は、ペリーの来日にも影響を与えたと言われています。（晃人・まき）

復元された現在の出島　2017.6.13

◇57 欧州に醤油・酒を運んだコンプラ瓶（長崎県波佐見町）

　江戸時代、オランダ東インド会社（後、バタビアの東インド政庁）は、日本の醤油・酒を欧州に輸出しています。最初、樽詰めでしたが、商品が劣化するため、ガラス瓶に代わり、次いで焼物の「コンプラ瓶」に代わりました。コンプラ瓶は大半が長崎の波佐見で焼かれましたが、一部は薩摩やドイツでも焼かれたそうです。

　下左の写真（複製品）は波佐見の「くらわん館」や長崎の「出島」等で購入できます。かの文豪、トルストイは古いコンプラ瓶に花を活けていたそうです。下右は現代の出島グッズの一つでコンプラ瓶型の醤油差しです。

　　コンプラ瓶（複製）　高18㎝　　　現代の醤油さし　高11㎝

「コンプラ瓶」の「コンプラ」は、ポルトガル語 comprador＝仲買人を意味し、オランダ人に生活品を売る特権を与えられた商人を「コンプラ商人」と呼び、同株仲間の組合を「コンプラ（金富良）商社」と呼んだことからきています。コンプラ株は、1666年（寛文6）、16人の商人に与えられた、という記録が残っています。

コンプラ瓶に「JAPANSHZOYA」あるいは「JAPANSHZAKY」とあるのはオランダ語で「日本の醤油」あるいは「日本の酒」を意味し、NとSの間にあるべきIが欠落し、SがZになっていることについては諸説があります。

ちなみに、ソイソース（醤油）の語源ですが、薩摩方言のSOY（そい）に由来するという説や北部九州方言SOYU（そゆ）に由来するという説などがあります。いずれにしろ世界の「SOYSOURCE」が九州方言を語原とするという説はたいへん面白いと思います。

しょいの実

鹿児島では、現在でも、大豆を麦麹と甘口醤油でじっくり熟成させたもろみを「そいの実」または「しょいの実」と呼び、ご飯の友や焼酎の肴としています。左の写真は、鹿児島県出水市藤本醸造店の「しょいの実」ですが、出水駅構内の郷土物産品売り場「飛来里」でも買うことができます（2017年5月時点）。（晃人・まき）

＜参考文献＞・①www.kikkoman.co.jp/kiifc/tenji04/index.html/
「キッコーマン国際食文化センター」（ウエブサイト）

◇58 別府の2建築と吉田鉄郎（別府市）

○A：旧別府公会堂（現別府市中央公会堂）
・別府市上田の湯町 6-37
・竣工：1928 年（昭和3）／設計者：吉田鉄郎
・鉄筋コンクリート造2階建 褐色のスクラッチタイル張り
・別府市有形文化財

A：旧別府公会堂 2017.12.1

　別府には、1928 年（昭和3）、同年中に、吉田鉄郎が設計した二つの建物があります。両者は、Aの5連アーチ窓とBのアーチ入口のように共通する部分はありますが、全体の印象はかなり違ったものがあり、次頁のBの方が装飾をほとんどそぎ落としているという点で、1933 年（昭和8）、吉田が設計した、本著項15の東京中央郵便局旧庁舎により近いと言えるでしょう。

○B：旧別府郵便局電話分室（現別府市南部児童館）
・別府市末広町1-3
・竣工：1928年（昭和3）/設計者：吉田鉄郎
・鉄筋コンクリート造2階建　レンガタイル張り
・大分県登録有形文化財

B：旧別府郵便局電話分室　2017.12.1

　吉田が昭和に入って間もない時期にBのようなモダニズムの作品をものにしていることは注目されます。

　吉田鉄郎の作品には、保存か開発かでもめた旧東京中央郵便局や旧大阪中央郵便局があり、検見川送信所のように廃墟同然のまま放置されている建物などがありますが、別府では、吉田の2作品を、本来の姿に近い状態に復元し、活用しています。こうした別府市民の見識は高く評価されるべきでしょう。　（晃人）

<参考文献>・向井覚『建築家吉田鉄郎とその周辺』相模選書、2008年

◇59 宗方光とフレーベル式幼稚園（宇土市・熊本市）

　宗方光の名前は、幼児教育研究者の間でも、ほとんど知られていません。しかし、宗方は、40歳を過ぎて桜井女学校幼稚保育科（保姆養成科）に入学し、明治10年代末、熊本県宇土に県内初のフレーベル主義の幼稚園を創設し、後、熊本幼稚園設立に関わってすぐ没しましたが、熊本県内のみならず、全国的にも早期に幼稚園を設立した人だったのです。また、宗方は、桜井女学校幼稚保育科で学んだ人の中で、自前の幼稚園を設立した最初の人であったと思われます。

左から母、寿喜・儀吉妻、世機子・光・儀吉／宗方良晃氏蔵

　宗方は、1845年（弘化2）、肥後藩支藩の宇土藩（3万石）の藩士の家に生まれています。宗方は結婚生活に二度失敗し、家に戻っていましたが、1880年（明治13）9月、弟、儀吉に、旧宇土藩の世子、細川

彝三郎（立興。後、子爵）の家従が命ぜられ、母、寿喜、儀吉の妻、世機子、儀吉の長男、䡒と共に上京し、4年弱東京で過ごした際に、幼稚園を見聞きする機会もあったものと思われます。

　宗方光については、根本なつめ氏の論文「宗方光と幼稚園」（『宇土市史研究（第十三号）』所収）をはじめ、『新宇土市史　通史編　第三巻』、山本十郎編『肥後文教と其城府の教育』、『碩台幼稚園百年』、『熊本幼稚園沿革史』、当時の新聞記事等々で知ることができます。

　1884年（明治17）7月、儀吉に元10代藩主、細川立則付きが命じられ、同年9月10日、一家で宇土に帰っています。しかし、井上正氏の手稿（熊本日日新聞用原稿）によりますと、それから4ヶ月後、宗方光は、浅井寅憙（注：宇土の人。親戚か。大陸浪人でシャーナリストの宗方小太郎日記には、大正3年4月21日及び翌日、浅井の長男の結婚式前日と結婚式当日、儀吉夫妻に会ったことを記述しています）に同道して、1885年（明治18）1月14日、「幼稚園保姆ノ稽古」のため再上京します。宗方光41歳の初春のことです。

　前年9月頃開校の幼稚保育科では湯浅初子や潮田千勢子が一期生、吉田鉞が二期生ですが、宗方は一期生に約4ヶ月遅れのいわば準一期生です。宇土幼稚園は、1886年（明治19）5月、熊本新聞がその存在を報じていますので、1886年（明治19）春頃には開業しており、湯浅の榎坂幼稚園の約1年余り前、古市の駒込幼稚園の約8ヶ月前、吉田の英和幼稚園勤務の約7ヶ月前になります。宗方は、旧宇土藩中心地の門内の屋敷で、座敷を保育室、庭を遊歩場とし、6歳以上の幼

145

児20名程で、幼稚園を開業しています。

　宗方は、「弁当ノ菜」は「必ズ有合ノ品」にすべしとし、「児童ノ服」は質素で清潔にすべしとしているように、庶民目線の幼稚園を意図していたようです。開園の日、甥の蕺が恩物積木の試演をしています。日常の保育では「折紙・唱歌・遊戯等」をしたという元園児の回想があります。しかし、翌年、熊本区（区は旧制度。市相当）の強い要請を受けて、宗方が熊本区へ移るため、宇土幼稚園は閉園となります。熊本幼稚園（現熊本市立五福幼稚園）の設立経緯については、同園沿革史から根本氏論文や『碩台幼稚園百年』に引用されていますが、「子守丸投げでは子育てはできない」という趣旨に、知事、富岡敬明（旧小城藩士）や区長、松崎迪も賛同し、設立に至っています。

　熊本幼稚園（別名山崎幼稚園）は、1886年（明治19）12月27日、申請され、1887年（明治20）1月22日、県から認可されています。同年1月5日、早くも熊本新聞に同園設立の広告が掲載され、同年6月7日には、前日、山崎幼稚園が開始され、「生徒」が42人（男16人・女26人）で、男児は洋服、女児は袴、保姆に宗方光・志村タカがいると報じられています。

　開業から1ヶ月半後、1887年（明治20）7月23日、開園式が執り行われますが、この幼稚園は「区立同様ノ取扱ヲ以テ」設立されていますので、山地元治熊本鎮台司令官や、富岡知事、県の主だった人々が来賓として参列しています。当日、幼児たちは「祝エ祝エ」、「風車」、「蝶々」、「見渡せば」を歌い、次に「恩物積立并に問答」をし、「家

鳩」、「妄想（注：盲想）」の遊戯唱歌を歌いながら遊戯をしています。特に「風車」、「家鳩」、「盲想」は、日本人初の保姆、豊田芙雄の訳詞ですが、宗方は桜井女学校幼稚保育科に在学中、同校附属幼稚園保姆の古市静子からこれらの唱歌や遊戯を学んだのでしょう。

　ちなみに、当時、桜井女学校と東京女子師範学校は相互交流をしていましたので、宗方は、古市の紹介で、豊田と言葉を交わす機会もあったかと思います。熊本幼稚園の詳しい保育内容は不明ですが、翌年1888年（明治21）11月、同園に倣って設立された碩台幼稚園（現熊本市立碩台幼稚園）の明治26年代半ばの「保育状況調査表」を手掛かりにする限り、ドイツのフレーベル流の恩物中心保育です。

　宗方光は、1890年（明治23）4月23日、46歳の若さで病死します。これまで宗方の病名は不明でしたが、先般、同年同月25日付の九州日日新聞の記事で死因は「貧血」と確認できました。

　宗方光は、日本の保育史上も、女子学院(桜井女学校)の学園史上も一切登場しておらず、熊本県でもごく限られた人が知るのみで、まったく埋もれた存在です。しかし、熊本県では、熊本幼稚園を含め、明治20年代に6園が設立されますが、これは全国的に見ても異例の発展ぶりで、そのきっかけを作った人として、わが国の幼児保育史は、宗方光に正当な地位を与えるべきと思います。（晃人）

＜参考文献＞・根本なつめ「宗方光と幼稚園」、『宇土市史研究　第十三号』所収、宇土市史研究会・宇土市教育委員会、平成4年
　　　　　・熊本市立碩台幼稚園百周年記念会編『碩台幼稚園百年』、熊本市立碩台幼稚園百周年記念会、1989年
　　　　　・前村晃『豊田芙雄と同時代の保育者たち』（三恵社）、2011年

◇60 天正時代のグーテンベルク式印刷機（熊本県天草市）

　1582年（天正10）2月、九州のキリシタン大名、大友宗麟・大村純忠・有馬晴信の名代とする天正遣欧少年使節団が欧州に派遣されています。少年使節は4名、随員は日本人教育係（修道士）1名、印刷技術習得要員の日本人少年2名（内1名の父はポルトガル人）、神父4名、修道士1名です。少年たちの年齢は、15歳前後だったようです。正副の少年使節は以下のとおりです。

- 伊東マンショ（主席正使）：日向国都於郡城に誕生。大友宗麟の名代。後年、司祭に叙階。1612年（慶長17）、長崎で病死。
- 千々石ミゲル（正使）：肥前国釜蓋城に誕生（有馬一族）。大村純忠の名代。1610年（慶長15）、イエズス会離脱（信仰は続けたとも言われる）。
- 中浦ジュリアン（副使）：肥前国中浦城に誕生。後年、司祭に叙階。潜伏し、布教を続ける。1633年（寛永9）、長崎で穴吊りの刑で殉教。2007年（平成19）、福者に列せられる。
- 原マルティノ（副使）：肥前国波佐見城主一族に生まれる。後年、司祭に叙階。江戸幕府の禁教令で、1614年（慶長19）マカオに追放。当地で布教、印刷活動をする。1629年（寛永6）、マカオで死去。

　少年らは、ポルトガル、スペイン、イタリアの各地で大歓迎され、ローマで謁見した教皇、グレゴリウス13世は、日本布教の援助の約束をしています。しかし、高齢の教皇は、18日後、死去しますが、新教皇、シクストゥス5世も、戴冠式に使節団の列席を許し、謁見の場で日本布教の支援を保証しています。

欧州から帰る途中、秀吉の伴天連追放令の影響で、一行は、マカオで2年程足止めを食い、1590年（天正18）7月、8年ぶりに長崎に帰り着いています。その後、一行は秀吉に招かれて報告をし、西洋楽器による演奏をして、秀吉に喜ばれ、三度も演奏を繰り返しています。

　使節団が持ち帰ったグーテンベルク式金属活字印刷機は、加津佐、天草、長崎で約20年間に渡って、ポルトガル語、ラテン語、ローマ字、日本字による宗教書、文学書、辞書など、精力的な印刷、出版活動に用いられています。なお、天草コレジョ館（天草市河浦町白木河内175‐13/0969-76-0388/本渡BSから約1時間）のグーテンベルク式金属活字印刷機（複製）は、マインツのグーテンベルク博物館長、ベンツ女史の助言を得て、二人のドイツ職人が製作したものです。

グーテンベルク式金属活字印刷機（複製）/撮影許可済 2017.7.28

天草版伊曽保(イソップ)物語　上「コレジョ天草にをいて」とある。

　しかし、その後、キリスト教迫害はいっそう厳しさを増し、印刷、出版活動も所在地を隠すため各地を転々としています。1614年(慶長19)、キリスト者の海外追放と共に印刷機もマカオに「追放」されています。上のローマ字版『天草版伊曽保物語』はみなさんお馴染みの『イソップ』です。なお、セミナリヨは初等学校で、コレジョは大学ですが、苓北町(旧志岐)の南蛮美術学校「画学舎」では絵画、工芸を教え、有家セミナリヨでは銅版画を教えていました。(晃人・まき)

＜参考文献＞・江口正弘編『天草版伊曽保物語　影印及び全注釈／言葉の和らげ影印及び翻刻翻訳』新典社、平成23年/晃人・まき蔵
　　　　　・鶴田文史編『天草学林　論考と資料集　第二輯』天草文化出版社、1995年
　　　　　・青山敦夫『活版印刷紀行　キリシタン印刷街道/明治の印刷地図』印刷学会出版部、平成11年

◇61 ドイツ文学と日本の作家森鴎外

　陸軍軍医だった森鴎外（1862-1922）は、1884年（明治17）から1888年（明治21）まで調査研究のためドイツに留学しています。滞在した都市は、ライプツィヒ、ドレスデン、ミュンヘン、ベルリンで、帰国後鴎外は各都市での経験をモチーフとした作品を残しています。つまり、ドレスデンは『文づかひ』（1891）、ミュンヘンは『うたかたの記』（1890）、ベルリンは『舞姫』（1890）という、「ドイツ三部作」と呼ばれるものです。

　ところで、作品が作られていないライプツィヒはどうだったのでしょうか。実は、この地で鴎外は一つの短編小説と出会っています。それはクライスト（Heinrich von Kleist, 1777-1811）の『聖ドミンゴ島の婚約』（Die Verlobung in St. Domingo, 1810）です。この作品を読んだ鴎外は「驚魂動魄之文字※」という感想を書き残し、1890年（明治23）に『悪因縁』のタイトルで翻訳しています。また同年、同じくクライストの『チリの地震』（Das Erdbeben in Chili, 1807）を『地震』として翻訳しています（『美奈和集（後『水沫集』に改題）』初版明治25年に所収）。こうして見ると、鴎外のドイツ留学は文学的にも非常に有意義なものだったことがうかがえます。

　ところで、先にあげたクライストの二つの翻訳作品ですが、興味深いことにどちらも文語体で訳されています。鴎外は他にも外国の作品を多数翻訳していますが、例えば1889年（明治22）にE.T.A.ホフマン（Ernst Theodor Amadeus Hoffmann, 1776-1822）の『スキュデリー嬢』

『美奈和集』表紙

(Das Fräulein von Scudery, 1820)を訳した『玉を懐いて罪あり』は口語体で書かれています。このことから、鴎外は作品によって口語体と文語体を使い分けていると思われます。クライスト作品の持つ独特の緊張感をより強く表現するために、鴎外は文語体を選んだのかもしれません。

ここで、鴎外の訳がどのようなものか、『地震』の冒頭部分を鴎外漁史著『美奈和集』から引用します。この先どうなるのか、興味を持たれた方はぜひ作品全体を読んでみられてはいかがでしょうか。（まき）

　　チリ王国の首府サンチャゴに、千六百四十七年の大地震将に起こらむとするをり、囹圄の柱に倚りて立てる一少年あり。名をゼロニモ、ルジエラといひて、西班牙の産なるが、今や此世に望を絶ちて自ら縊れなんとす。（まき注：囹圄あるいはれいぎょとは牢獄のことです）

<参考/引用文献> ・石川淳編『鷗外選集 第16巻』（岩波書店）、1980年 ※p. 381
・鴎外漁史（森林太郎）著『美奈和集（水沫集）』（第三版）春陽堂、明治39年/まき蔵

◇62 島崎藤村の「椰子の実」とカール・ボエルマンの詩

　民俗学者、柳田国男が、1898年（明治31）夏、療養で出かけた渥美半島の伊良湖岬に流れ着いた椰子の実を見た、という話を聞いて、島崎藤村(1872-1943)は「椰子の実」の詩を書いたと言われています。藤村は、1900年（明治33）、これを「新小説」（6月号）で発表しています。

　もちろん、これも事実のようですが、吉田精一(1908-1984)氏は、「椰子の実」の主題、詩想は、1889年（明治22年）に刊行された『於母影』（森鴎外主宰「新声社」同人の訳詩集）に掲載されているドイツ人カール・ボエルマン（Karl Woermamm）の「思郷」の意訳（漢詩）に負うていることを指摘しています。

　いずれにしろ、波の上を漂う椰子の実は、藤村であり、柳田であり、私たちひとりひとりです。そんな思いを持ってこの歌を歌ったり聴いたりすれば新たな感動も生まれそうです。（まき）

　　　　　　　　「思郷」

　離郷遠寓椰樹国　　独有潮声以窮北

　思郷念或熾　　　　即走海之浜

　聴此熟耳響　　　　鬱懐得少伸

「椰子の実」

名も知らぬ遠き島より

流れ寄る椰子の実一つ

故郷の岸を離れて

汝はそも波に幾月

旧の樹は生ひや茂れる

枝はなほ影をやなせる

われもまた渚を枕

孤身の浮寝の旅ぞ

実をとりて胸にあつれば

新なり流離の憂

海の日の沈むを見れば

激り落つ異郷の涙

思ひやる八重の汐々

いづれの日にか国に帰らん

＜参考文献＞・附録：新声社同人『於母影』、鴎外漁史（森林太郎）著『美奈和集（水沫集）』（第三版）春陽堂所収、明治39年/まき蔵
・吉田精一『鑑賞現代詩Ⅰ（明治）』筑摩書房、1966年
・島崎藤村『藤村詩集』春陽堂、明治37年

◇63 ドイツ演劇と日本の作家たち

　ドイツの舞台芸術というと、オペラを思い浮かべる方が多いのではないでしょうか。確かに、ドイツオペラはワーグナーやモーツァルトなど有名どころが数多くいます。しかし、歴史的に見てもドイツでは演劇も盛んで、日本でも毎年多くのドイツの劇が上演されています。

　日本でおなじみのドイツ演劇といえば、やはりブレヒト(Bertolt Brecht, 1898-1956)の作品でしょう。『肝っ玉おっ母とその子どもたち(Mutter Courage und ihre Kinder, 1941年初演)』、『三文オペラ(Die Dreigroschenoper, 1928年初演)』などが知られていますが、中でも『コーカサスの白墨の輪(Der kaukasische Kreidekreis, 1948年初演)』はこれまで数え切れないほど何度も上演されています。

　筆者も子どもの頃、学校の課外授業で子ども向けにアレンジされたものを観た覚えがあります。子どもを引っ張り合って、子どもが痛がった時に手を離した方が真の母親であるという、どこかで見聞きしたことのあるエピソードが中心の話です。これと似た話は世界各地に存在しているらしく（日本では大岡越前が有名）、それだけ普遍性のあるテーマであり、好まれやすいのでしょう。

　また、あまりなじみ深いとは言えませんが、ドイツでも日本でも好んで上演されるのはクライスト(Heinrich von Kleist, 1777-1811)の『こわれがめ(Der zerbrechene Krug, 1808年初演)』です。日本では1947年(昭和22)に千田是也(1904-1994)が演出し、初演を行っています。ちなみに、千田は4年間ドイツで演劇を学んでいますが、前述

のブレヒトの作品を多数翻訳し、上演しており、岩淵達治(1927-2013)と共に日本におけるブレヒト研究の第一人者と言われています。

　話を戻しますと、『こわれがめ』とは、文字通り「壊れた甕」を中心に、隠された悪事が暴かれてゆくという喜劇です。ただし、確かにハッピーエンドにはなりますが、登場人物は突如、身に覚えのない汚名を着せられ、自分の潔白を他者に信じてもらうことの難しさも描かれています。その点では、現代にも通じるテーマが扱われており、単なる娯楽作品とは一線を画していると言えます。この作品が長く上演され続ける理由の一つはそうしたところにあるのかもしれません。

　ところで、小山内薫（1881-1928）と土方与志(1898-1959)は有名な新劇運動第2期の担い手ですが、渡航経験のなかった小山内は、1912年（明治45/大正1）から1913（大正2）にかけて外遊し、スタニスラフスキーのモスクワ芸術座、ラインハルトのドイツ座、オットー・ブラームのレッシング座等で観劇して、帰国します。1924年（大正13）、ドイツから土方が帰国すると、二人は築地小劇場を開設し、新劇運動を展開しますが、1928年（昭和3）、小山内が急逝し、劇団は内紛し、分裂しています。1934年（昭和9）、土方はソ連を訪問し、現地での活動が問題になり、爵位（伯爵）を剥奪され、ソ連に亡命しています。後、ソ連からも追放され、フランス滞在を経て、逮捕覚悟で帰国します。（まき）

＜参考文献＞・河竹登志夫『近代演劇の展開』日本放送協会、1982年
　　　　　　・前村晃子/博士論文「クライスト小説研究」（広島大学大学院文学研究科）、2006年

◇64 『方寸(ほうすん)』とドイツの『ユーゲント』と「パンの会」

　前著でも本著でも、ドイツの「ユーゲントシュティール(Jugendstil)」あるいは「ユーゲント・シュティール」は、各所(かくしょ)で使(つか)っています。フランス風(ふう)に言(い)えばアール・ヌーヴォー（Art Nouveau）、オーストリア風に言えばウィーン分離派(ぶんりは)（Wiener Secession, Sezession）ですが、いずれも同系統(どうけいとう)の新芸術(しんげいじゅつ)運動(うんどう)のことです。ドイツでは1896年（明治29）発行(はっこう)された雑誌(ざっし)『ユーゲント（Jugend）』が同運動(どううんどう)を推進(すいしん)しました。

　わが国でも、1907年（明治40）、石(いし)井柏亭(いはくてい)、森田恒友(もりたつねとも)、山本鼎(やまもとかなえ)の3人がドイツの『ユーゲント』あるいはフランスの『ココリコ』を真似(まね)て評論(ひょうろん)、詩(し)、随筆(ずいひつ)、凝(こ)った挿画(そうが)を入れた、美術文芸(びじゅつぶんげい)雑誌(ざっし)『方寸』を発行(はっこう)しています。

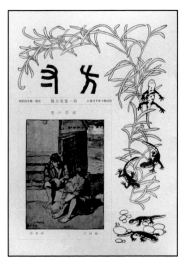

『方寸』第一巻第五号表紙

　『方寸』の同人(どうじん)には、その後、倉田白羊(くらたはくよう)、小杉未醒(こすぎみせい)、平福百穂(ひらふくひゃくすい)、織田一磨(おだかずま)、坂本繁二郎(さかもとはんじろう)、黒田鵬心(くろだほうしん)が加(くわ)わっています。同誌は主に同人(どうじん)の文(ぶん)や創作版画(そうさくはんが)を含(ふく)む挿絵(さしえ)を掲載(けいさい)しましたが、寄稿者(きこうしゃ)には北原白秋(きたはらはくしゅう)、木下杢太郎(きのしたもくたろう)（太田正雄(おおたまさお)）、高村光太郎(たかむらこうたろう)らがいます。『方寸』は、1907年（明治40）5月の第1巻第1号から1911年（明治44）7月の第5巻第3号まで発行(はっこう)されましたが、当時の若者(わかもの)の

出版物としては、比較的長く続いたと言えます。廃刊期頃には2000部出したという山本の話にはやや誇張があるようですが、美術家だけでなく一般の人々にも好感を持って迎えられています。

また、『方寸』に集う画家たち、石井柏亭、山本鼎、森田恒友、倉田白羊らと、『スバル』系の詩人たち、北原白秋、石川啄木、木下杢太郎、長田秀雄、吉井勇らは、1894年(明治27)にベルリンで結成された芸術運動「パン(牧羊神)の会」に倣って、1908年(明治41)末、「パンの会」を結成し、美術と文学の交流を図っています。彼らは、大川(隅田川)をセーヌ川に見立て、河畔の西洋料理店をパリのカフェに準えて、月に数回集まって、酒を酌み交わし、新芸術を語り合ったのです。また、ヨーロッパ留学から帰国した高村光太郎は一足遅れてこの会に参加しています。

一度でもこの会に顔を出した人の中には、上田敏、永井荷風、谷崎潤一郎、久保田万太郎、与謝野鉄幹、岡本一平、小山内薫、市川左団次、市川猿之助、荻原守衛(碌山)などがいます。森鴎外は顔を見せていませんが、旧知の山本鼎に「パンの会」の様子を聞いて面白がっていたようです。いずれにしろ、当時の若い芸術家たちは、ドイツ、フランス、イタリア、イギリス、ロシア、北欧などの新しい芸術運動に大きな関心を寄せていたのです。(晃人・まき)

<参考文献>・雑誌『方寸』(第1巻第1号 - 第7号)、復刻版(限定本351/800)、三彩社、昭和47年/晃人・まき蔵

◇65 手塚治虫の漫画とドイツ

　手塚治虫は戦後日本を代表する漫画家です。手塚の作品は多く、テーマも多岐に渡りますが、中にはドイツに関するものもあります。

　その一つに『ファウスト』（1951）があります。もちろん、かのゲーテ（Johann Wolfgang von Goethe, 1749-1832）の『ファウスト（Faust）』（1833）を漫画化したものです。長大な原作がうまくまとめられており、子どもから大人まで読みやすいものとなっていると思います。

　また、「ファウスト」を扱った作品はこれだけではなく、『百物語』（1971）、『ネオ・ファウスト』（1988・未完）もあります。これらはどちらもアレンジが加えられており、『百物語』は江戸時代、『ネオ・ファウスト』は高度経済成長以降の日本が舞台となっています。また、悪魔メフィストが女性とされ、原作以上に魅力的で生き生きとしたキャラクターになっているところは、作者ならではでしょう。

　このように、数度にわたり漫画化しているあたり、「ファウスト」という題材に対する作者の思い入れの強さがうかがえます。

　さらに、ドイツに関する作品には『アドルフに告ぐ』（1983）があります。これは、アドルフ・ヒトラーの出生にまつわる説の一つを大胆にふくらませた、手塚治虫のオリジナル作品です。内容が内容だけに劇画調で、笑いの要素はあまりありません。舞台はドイツだけにとどまらず、第二次世界大戦前後の日本の姿が丹念に描かれています。

上記の作品は全て文庫版でも出版されており、手に入れやすくなっております。「漫画」による表現ではありますが、「小説」等と同等の充実した読後感を味わえるかと思います。
　興味を持たれた方は、図書館の蔵書を利用されるなり、自ら購入されるなりして、お読みになってはいかがでしょうか。手塚治虫の理解が大きく広がるはずです。（まき）

左・『アドルフに告ぐ』の表紙と右・『ファウスト』の表紙

＜参考文献＞ ・手塚治虫『ファウスト』朝日新聞社、1994年
　　　　　　・手塚治虫『ネオ・ファウスト』朝日新聞社、1992年
　　　　　　・手塚治虫『アドルフに告ぐ』（全5巻）文藝春秋、1992年

◇66 安全ヘルメットの発明者はカフカ？

　安全ヘルメットは、工事現場の必需品ですし、元過激派学生たちも被っていましたから、大人なら誰でも知っているはずです。しかし、安全ヘルメットの発明者があの『変身』の作者、ドイツ語文学者、フランツ・カフカ（Franz Kafka, 1883-1924）だと聞くと誰もが「えっ？」と思うでしょう。この件は、ドイツ系ユダヤ人で、後、アメリカ国籍を取得した高名な経営学者、P.F.ドラッカーが著書の中で触れ、カフカは、1912年（大正1）、米国の安全協会から金メダルを受賞したと書いています。発明はともかく、カフカは労働者傷害保険協会の勤務者でしたから、労働者にヘルメットの着用を推奨し、事故を大きく減らしたことは十分にあり得ることでしょう。（晃人・まき）

ヘルメットとカフカの『変身』

＜参考文献＞・P.F.ドラッカー著/上田惇生訳『ネクスト・ソサエティ』ダイヤモンド社、2002年

◇67 建築家、F.R.ライトとフレーベルの恩物

○自由学園「明日館」（旧校舎）
- 住所：〒171-0021　東京都豊島区西池袋 2-31-3　Tel 03(3971)7535
- アクセス：JR池袋駅　メトロポリタン口より徒歩5分
- 設計：フランク・ロイド・ライトと遠藤 新／木造漆喰塗／国の重要文化財
- 見学時間：10:00-16:00（15:30までの入館）
　　　　　　夜間見学 18:00-21:00（20:30までの入館）
　　　　　　休日見学 10:00-17:00（16:30までの入館）
　　　　※結婚式等が入った場合、外観のみ見学又は一部室内見学制限あり。
- 見学料：喫茶付見学　個人600円・団体（20人以上。Tel要）500円
　　　　　見学のみ　個人400円・団体300円
　　　　　夜間見学（見学のみ・個人のみ）1000円

ライトの草原住宅様式の自由学園明日館 2018.2.21

　フランク・ロイド・ライト（Frank Lloyd Wright, 1867 - 1959）は、アメリカの建築家で世界の近代建築の三大巨匠の一人です。子ども時代に母親が与えたドイツの教育者、フレーベルの"恩物"で遊んだことが、ライトに大きな影響を与えたという話[※]は有名です。

実際、ライトの作品には"積木"を思わせる建物も見られます。日本にあるライトの作品は、旧林愛作邸（現電通八星苑。通常非公開。1917年）、旧帝国ホテル（愛知県犬山市の明治村に正面玄関部分を保存。1923年）、旧山邑邸（現ヨドコウ迎賓館。国の重要文化財。1924年）、自由学園明日館（前頁写真。旧校舎。国の重要文化財。1926年）があります。特に明日館はライトが羽仁吉一・もと子夫妻の教育観に共鳴して設計した建物です。旧校舎内はアット・ホームで落ち着いています。晃人は、ライトと遠藤がデザインしたという椅子に座って、旧教室に差し込む光の中で"ひと時の幸せ"を味わいました。
　なお、ニューヨークで、ライトが設計した円形螺旋状のグッゲンハイム美術館を見られた日本人も少なくないと思います。（晃人）

左・明日館出入り口/右・ライト＋遠藤デザインの椅子 2018.2.21

＜参考文献＞・カタログ編集：フランク・ロイド回顧展実行委員会『フランク・ロイド回顧展』毎日新聞社、1991年/晃人蔵
・David Larkin and Bruce Pfeiffer.(Ed.).(1997). *Frank Lloyd Wright master builder.* Universe Publishing in association with the Frank Lloyd Wright foundation. ※p.10/晃人蔵

◇68 ドイツ哲学と日本

　日本人がドイツ哲学の強い影響下にあったことは、前著でも指摘しましたが、ドイツ哲学と日本の哲学について、詳しく記述することは晃人やまきには荷が重いことですから、ここでは『日本の哲学7＜第16号＞　特集　ドイツ哲学と日本の哲学』（昭和堂）を紹介しておくことにします。ここに掲載されている諸論文を読みこなすことも容易ではありませんが、ドイツ哲学の日本への影響について基本的な理解を得るのに適切な一書と思われます。（晃人・まき）

表紙

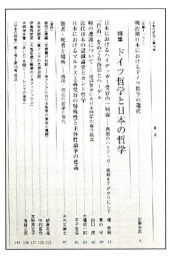
目次

〈参考文献〉・日本哲学史フォーラム編『日本の哲学＜第16号＞　特集　ドイツ哲学と日本の哲学』昭和堂、2015年

◇69 日本語の中のドイツ語

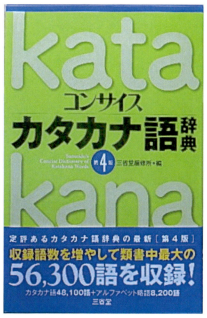

便利なカタカナ語辞典

日本語の中に借用されているドイツ語について、ここでは左の『コンサイスカタカナ語辞典』(三省堂) を参考にその一部を紹介することにします。

私たちが、日頃、ほとんど無意識的に口にしている「ドイツ語」に限っても相当数のものがあります。

こうした語群を見るだけでも、日本人の生活の中に、いかにドイツ語、ドイツ文化がしっかりと浸透しているかがわかります。

なお、ギリシャ語由来のものは (ギ)、ラテン語由来のものは (ラ) と表記します。(まき)

- アイスバーン[Eisbahn]
- アクリル[Acryl]
- アルバイト[Arbeit]
- イデオロギー[Ideologie] (ギ)
- ウラン[Uran] (ラ)
- オキシドール[Oxydol]
- カルテ[Karte]
- グミ[Gummi]
- グルテン[Gluten]
- アイゼン (登山用具) [*Steig*eisen]
- アナフィラキシー[Anaphylaxie]
- アレルギー[Allergie] (ギ)
- ウイルス[Virus] (ラ)
- エタノール[Äthanol]
- カリスマ[Charisma]
- キッチュ[Kitsch]
- クランケ[Kranke]
- ゲネプロ[Generalprobe]

- ゲレンデ[Gelände]
- ザイル[Seil]
- シュナップス[Schnaps]
- シュプール[Spur]
- シリカゲル[Silikagel]
- チアノーゼ[Zyanose]（ギ）
- テーマ[Thema]（ギ）
- デリカテッセン[Delikatessen]
- ナフタリン[Naphtalin]
- バウムクーヘン[Baumkuchen]
- バリウム[Barium]（ギ）
- ヒスタミン[Histamin]
- ビーダーマイヤー[Biedermeier]
- ヒュッテ[Hütte]
- プラネタリウム[Planetarium]（ラ）
- プレパラート[Präparat]
- ベクトル[Vektor]（ラ）
- ヘモグロビン[Hämoglobin]（ギ）
- ヘルツ（Hz.）[Hertz]
- ベンジン[Benzin]
- ポルターガイスト[Poltergeist]
- ホルモン[Hormon]（ギ）
- マッハ（速度）[Mach]
- メタモルフォーゼ[Metamorphose]（ラ）
- メッセ[Messe]
- メヌエット[Menuett]
- ヨーデル[Jodel]
- リチウム[Lithium]
- リューマチ[Rheumatismus]（ギ）
- ルーペ[Lupe]
- レントゲン[Röntgen]
- ワクチン[Vakzin]
- ワンダーフォーゲル[Wandervogel]
- コラーゲン[Kollagen]
- シュトーレン[Stollen]
- シュノーケル[Schnorchel]
- シュプレヒコール[Sprechchor]
- タウリン[Taurin]
- チタン[Titan]
- デマ[Demagogie]
- ドーラン[Dohran]
- ノイローゼ[Neurose]（ギ）
- ハーケン[*Mauer*haken]
- ヒエラルキー[Hierarchie]（ギ）
- ヒステリー[Hysterie]（ギ）
- ピッケル[Pickel]
- ブッシュ[Busch]
- プレッツェル[Pretzel]
- プロレタリア[Proletarier]（ラ）
- ペーハー[pH]（ラ）
- ヘリウム[Helium]（ギ）
- ヘルペス[Herpes]
- ボーゲン[Bogen]
- ホルマリン[Formalin]
- ホルン[Horn]
- メスシリンダー[Messzylinder]
- メトロノーム[Metronom]（ギ）
- メルヘン[Märchen]
- ヨード[Jod]
- リュックサック[Rucksack]
- リンパ[Lymphe]（ラ）
- レセプト[Rezept]
- ローレライ[Lorelei]
- ワッペン[Wappen]
- K点（スキー）[Kritischer Punkt]

＜参考文献＞・三省堂編集所編『コンサイスカタカナ語辞典』三省堂、2014年

◇70 特別稿：台湾宜蘭における幼稚園設立と桜川以智

　本項では舞台を台湾に移しますが、ここでは豊田芙雄の弟子で戦前の台湾で幼稚園を設立し、日本人子弟だけでなく、台湾人子弟の保育をした桜川以智を取り上げます。

　2016年（平成28）9月、筆者らは家族3人で台湾に出かけましたが、第一の目的は、桜川以智が宜蘭（イーラン）で開いた幼稚園の元園児、李英茂先生にお会いし、お話を伺うことでした。李先生は、ご高齢ですが、矍鑠としておられて、現在も週に何回か、宜蘭設治記念館（旧宜蘭庁長官官舎）でボランティア・ガイドをしておられます。

　李先生には、貴重なお話をお聞きするだけでなく、幼稚園跡地（現宜蘭演藝廳/旧宜蘭公園内）と、西郷隆盛の子息で宜蘭庁長官だった西郷菊次郎の「西郷廳憲徳政碑」の案内もして頂きました。なお、碑の説明板やパンフレットの文章は李先生によるものです。

左・宜蘭設治記念館(旧宜蘭庁長官官舎)／右・李英茂先生　2016.9.3

西鄉菊次郎と西鄉廳憲德政碑

西鄉菊次郎は日本鹿兒島縣の人で明治維新元勳西鄉隆盛の息子であります。1861（文久元）年1月2日に生れ，1928（昭和3）年11月27日卒，享年68歲でした。西鄉公は日治時代に初代の宜蘭廳長を務め（1900年5月27日から1905年11月28日まで）、在任中に數多くの仁政德績を殘されました。それはつまリ：宜蘭地區の公共衛生と醫療機構の設立；行政中心（元舊縣政府）の設置；宜蘭から台北へ通ずる道路の開築；輕便鐵道の敷設；そして宜蘭各地に學校を建て，現代教育を普及させました。また平和的手法によって匪賊の亂を鎭め，社會秩序を再建する等宜蘭の近代化につながる里程碑を次々と打ち立てました。

宜蘭城西郊外に蜿蜒と流れる宜蘭河は每年豪雨に溢れ，水害は長らく城民を苦ませて來ました。西鄉廳長は地元の士紳を招いて鳩首協議を致し，宜蘭河堤防の建設を終に完成させ，人々の生命財產を守りました。その德を讚へて1905（明治38）年各界の鄉紳は資金を集めて「西鄉廳憲德政碑」を建立し，永遠にこれを記念する事になりました。而して1928年11月27日西鄉公鹿兒島の邸宅にて逝去すの訃報に接するや萬民これを悼み，同年12月6日には宜蘭三郡郡主、農林学校校長並びに在鄉士紳二百餘人が記念碑の前で祭壇を設け、日本神道の追悼式を行いました。

「西鄉廳憲德政碑」の花崗岩石碑は高さ155センチ、幅83センチあり、最初は民家の庭に暫時置かれていましたが1923（大正12）年完成された西鄉堤防に移され、大きな台座の上に安置されました。鹿兒島の西鄉家からも苗木が寄贈されて堤上に植えるなど花樹茂りて民衆憩いの場の公園になりました。本記念碑は宜蘭歷史文化の發展と密切な関係があって頗る意義深き故、2001年宜蘭縣政府によって本縣の歴史建築物に指定されました。

李英茂先生による「西鄉廳憲德政碑」の說明文

左・德政碑パンフレット表紙と右・幼稚園跡付近の宜蘭演藝廳 2016.9.3

　この説明文にあるように、菊次郎は、宜蘭の治水、交通、衛生、医療、教育、匪賊との融和等、多方面で仁政を布いたのです。また、すぐには実現しませんでしたが、宜蘭に幼稚園を設置することも菊次郎の構想にあったのです。なお、菊次郎は、後、京都市長、島津家の鉱山館館長となっています。館長時代に、一時帰県した桜川一家が西郷菊次郎の許へ挨拶に出かけたという情報も残っています。

　豊田芙雄が、東京女子師範学校から鹿児島に長期出張した際に、鹿児島では、鹿児島女子師範学校生徒２名を選抜して東京女子師範学校に留学させましたが、桜川以智はその一人でした。二人の在校中、保姆練習科は廃止になりますが、二人は同校で研修を続け、鹿児島から帰京した豊田の薫陶も受けています。1881年（明治14）2月、二人は研修を修了し、鹿児島に帰りました。その辺の経緯については、倉橋惣三・新庄よし子共著『日本幼稚園史』（臨川書店/1980）中の桜川の手記に記述されています。

また、戦前、桜川は、広島文理科大学（現広島大学）の伊藤忠好教授の求めで、鹿児島時代の豊田の様子を手紙に書いて送っています。その内容については、晃人の本名、前村晃著『豊田芙雄と同時代の保育者たち』（三恵社/2015）の1章3節をご参照ください。

　林崎恵美氏は、碩士（晃人注：日本の修士）学位論文「日治時期臺灣幼稚園之研究」（2005）において、以智は、1860年（万延1）10月5日、伊集院清右衛門の長女として薩摩に誕生し、1882年（明治15）、「桜川能保」と結婚したと記述しています（晃人注：履歴書を参照されたものと思われます）。

　以智の夫は、西郷軍を応援した大分の中津隊隊士で、西郷菊次郎とは西南戦争以来の知人でした。1897年（明30）頃、桜川は、宜蘭庁長官の西郷菊次郎を訪ね、治安関係の職に就いたようですが、現在調査中です。1900年（明治33）のある日、菊次郎は一計を図って、宜蘭滞在中の以智の夫が病気になった、という偽の電報を以智宛に打ちます。以智は驚いて、職場に休暇届けを出し、宜蘭に駆けつけますが、仮病の夫はニコニコしながら以智を迎えています。これは、前年設立された宜蘭小学校に幼稚園を併設したいという、菊次郎の画策が背景にあっての「一計」でしたが、この時は、義務教育優先という当局の方針で幼稚園設立は見送られています。

　以智は、その後、10年間、宜蘭小学校に勤務しています（晃人注：晃人は、明治34年の台湾総督府職員録に宜蘭小学校教員として「桜川市」があり、後、宜蘭尋常高等小学校教員として、明治43年まで

桜川以智

「桜川いち」あるいは「桜川以智」の名前があることを確認しています）。

　林崎氏の論文は、戦前の台湾の幼稚園史を詳しく研究したものですが、以智の退職後にも触れていて、1912年（明治45）、以智は児童遊戯會（宜蘭児童遊戯会）保姆に転勤した、という記述があります。李先生は、これは日本人役人や富裕商人たちが共同で設置した教育施設ではないかと語られています。

　宜蘭幼稚園（日本人対象）は、1922年（大11）、設置申請がなされ、翌年、香蘭幼稚園（台湾人対象）の設立申請がなされています。申請上の設置者は民間人の佐藤徳治（晃人注：明治大学法科出身／元台北州協議会員・元宜蘭夜学校校長・元宜蘭電灯株式会社社長・元宜蘭水産株式会社社長／歌人）です。

　李先生に頂いた保育證のコピーにあるように、園長は佐藤徳治ですが、実質上の園長は桜川以智で、桜川の二人の娘も保育を担当しています。『天理大学学報　第67巻　第2号』（2016）の「インタビュー記録　戦中戦後台湾における教育経験―宜蘭・李英茂氏への聞き取り記録から―」（山本和行・樋浦郷子・須永哲思）には、李英茂先生が幼稚園について回想されている部分もあります。

　李先生は、1929年（昭4）生まれですが、小学校に入学される前、香蘭幼稚園に通っておられます。李先生によると、宜蘭幼稚園と香蘭

幼稚園は並列して建てられていて、70歳の園長（桜川以智）は渡り廊下を行ったり来たりしていたようです。ふだんは、日本人と台湾人の子弟を別々に保育したようですが、お祭りや儀式は合同で行われ、休憩時間の相互交流もあったようです。

　園児たちは以智を「おばあ先生」と呼んで慕っていました。李先生は、「おばあ先生」は、良寛さんやペスタロッチのような人でした、と語っておられます。

　李先生の書簡によると、幼稚園では「歌と遊戯、図画、折紙、輪投げ、遠足、台湾神社祭のおみこしかつぎ、赤白まんじゅう、砂遊び」などが記憶にあり、特に「おばあ先生」が「オルガンを弾き、園児たちが輪になって歌ったわらべ歌の数々」を特別な思い出として語られ、「恩師桜川以智の薫陶を受けて歌が好きになった」と述懐されています。このことは『友愛 第14号』（2014年12月）の中でも記述されています。直訳式保育の時代とは異なりますが、桜川は、台湾で、ドイツのフレーベル精神による保育を展開したのです。

　李先生は、元小学校教師で歌人ですが、自ら作詞、作曲をされ、子どもたちに歌唱指導をされることもあったようです。また、日本の数々の童話を翻訳して、子どもたちに与えられています。なお、先生は、現在も台日交流に熱心であり、胸を張って「私は16歳まで日本人だった」と語っておられました。

　李先生が書簡やエッセーで紹介された幼稚園時代の歌の歌詞には次のようなものがあります。

○1

　からすがかあ／＼啼(な)いている

　雀(すずめ)がちゅう／＼啼いている

　障子(しょうじ)も明(あか)るくなったから

　早く起(お)きぬと遅(おそ)くなる

　そしておやつをもらって帰る時は

　今日の稽古(けいこ)はすみました

　みなさん一緒(いっしょ)に帰りましょう

　明日もまた／＼ここに来て

　勉強や遊びをいたしましょう

　先生ごきげんさようなら

　　※晃人注：「朝の歌」（作詞者(さくししゃ)・作曲者(さっきょくしゃ)未詳(みしょう)）、近藤猪八郎著(こんどういはちろうちょ)『新撰(しんせん)唱歌 尋常科用(しょうかじんじょうかよう)』（明治35年)に掲載(けいさい)があります。長い元歌(もとうた)を短くし、園児(えんじ)向きに改作(かいさく)したものかと思われます。

○2

　お池(いけ)の噴水(ふんすい)涼(すず)しいな

　風(かぜ)に吹(ふ)かれる※　水柱(みずばしら)

　しゅう　しゅう　しゅう　しゅう

　高く上がっておもしろい

　　※晃人注：「噴水」（作詞 葛原(くずはら)しげる・作曲 梁田貞(やなだただし)）は『日本の唱歌（中）』（大正4年）に掲載してあります。紹介(しょうかい)されている歌詞は二番ですが「風に吹かれる」は一番の歌詞で二番は「ひっきりなしに」となります。それにしても李先生の記憶力(きおくりょく)は驚異的(きょういてき)です。

○3

　　お月さま偉いな

　　お日様と兄弟で

　　三日月になったり　まんまるなったり

　　春夏秋冬　日本中を照らす

　　　※晃人注：「おつきさま」（作詞 石原和三郎・作曲 納所弁次郎）、『幼年唱歌　初編 中巻』（1900年/明治33年）に掲載があります。

○4

　　太郎さん　次郎さん　ごらんなさい

　　向こうにみえる軍艦は

　　戦闘艦に巡洋艦

　　続いて（注：次いで、とも；松原市）　潜水駆逐艦

　　（晃人注：「あれはどこに行くのでしょう/黒い煙を　はきたてて/観艦式に行くのでしょう」を加えた情報も；松原市）

　　帝国海軍万々歳　日本海軍万々歳

　　　※晃人注：この唱歌は大阪府松原市の公式ホームページ中の「第137話 墨の江街道の民話と松原‐14」に、市民から聞き取ったものとして紹介があります。作詞者、作曲者などは不明です。

　次頁の写真は、李先生から頂いた、卒園時の記念写真と同級生の保育證のコピーです。背景にあるのが園舎です。

昭和 11 年 3 月の幼稚園卒業記念写真（李英茂先生提供）

1943 年（昭和 18）の写真/宜蘭縣史館資料展（2012）から

林紹武氏の保育證書（李英茂先生提供）

　幼児教育、小学校教育で功労のあった桜川以智は、1922年（大正11）、台北県知事表彰を受け、1924年（大正14）、教育功労者表彰を受けますが、受賞の日には、台湾総督府総務長官、後藤牧夫（後、農林大臣、内務大臣等を歴任）の夫人で、桜川の鹿児島幼稚園時代の教え子、後藤治子が台北駅で出迎えています。治子は、父、元一宮藩主の加納久宜子爵が鹿児島県知事をしていた時代の鹿児島幼稚園の園児です。さらに、桜川は、1940年（昭和15）、藍綬褒章を受けています。

　ちなみに、加納久宜は、県民に愛された名知事でしたが、本人もたいへんな鹿児島びいきで「わしがあの世に行っても、鹿児島で何かあったら、すぐ、電話せい」というのが口癖だったそうです。

　台湾は、1945年（昭和20）、日本が降伏すると、同年中に、中華民国の統治下に入りました。元園児たちは、その後、数々の困難に耐えながら、台湾の高度成長を担ったのです。

　元園児たちは、卒園後60余年を経て、香蘭幼稚園の同窓会を開いています。皆さん園児時代のエプロンを付けていますが、かつての園長

に近い年齢になっても「園児たち」はみんな「おばあ先生」を慕っているのです。（晃人・まき）

卒園60数年後の同窓会の元園児たち（李英茂先生提供）

同窓会：宜蘭の新聞記事（李英茂先生提供）

＜参考文献＞・佐野幸夫『西郷菊次郎と台湾』南日本新聞開発センター、2002年
　　　　　　・前村晃『豊田芙雄と同時代の保育者たち―近代幼児教育を築いた人々の系譜―』三恵社、2015年

◇71 補遺1：ハイトケンペル夫妻の墓石

　前著項51で触れたように、ハイトケンペル（1843.12.31-1900.4.26）は、ドイツの製靴職人で、元紀州藩のお雇い外国人でした。後、藤田組、大倉組等に転じ、大成功を収め、大阪に豪邸を建て、居留地参事会の役員等もしますが、四国の鉱山経営に手を出して失敗し、以後、再起を図って国内外を転々としますがうまくいかず、失意のまま亡くなっています。死後、彼には墓石すらありませんでした。今ある小さな墓石は、外国人墓地の移転に際し、神戸市が建てたものです。

　晃人は、一般公開日に墓地を訪ねましたので、夫妻の墓は見られませんでしたが、後日、管理事務所の山田宜宏氏からわざわざ写真を送って頂きました。ちなみに、西南戦争時、官軍は革の軍靴採用に積極的でしたが、薩軍は多くが草鞋履きでした。（晃人・まき）

　　ハイトケンペル妻の墓石　　　ハイトケンペルの墓石

＜参考文献＞・谷口利一『使徒たちよ　眠れ―神戸外国人墓地物語』のじぎく文庫、1896年

◇72 補遺2：ノーベル賞受賞者、大村智先生の色紙

　前著項19で神社に祀られたドイツ人、コッホに触れ、コッホの弟子、北里柴三郎は第1回ノーベル生理学・医学賞最終候補者15名に残った、と書き、2015年（平成27）、北里大学特別栄誉教授、大村智先生がノーベル生理学・医学賞を受賞された、と書きました。なお、北里研究所とドイツのコッホ研究所は現在も緊密な交流がなされています。
　先生は青木繁「海の幸」会の理事長でもありますが、創立会員で理事の吉武研司氏（女子美術大学教授）に誘われ晃人も早い時期に会員になりました。同会は結成8年で目的を達成し、2018年（平成30）2月22日、「快燦式」を催しました。当日、先生の受賞内容のご講演後、吉武氏の紹介で晃人は大村先生にご挨拶し、名刺と色紙（印刷）を頂き、スリーショットに納まりました。色紙の"至誠惻怛"は備中藩の山田方谷が長岡藩の河井継之助（本著項8参照）に贈った王陽明の言葉で"真心といたみ悲しむ心"の意味だそうです。（晃人）

大村智先生の色紙

◇73 お詫びと訂正；愛珠幼稚園など

　他にもあるかと思いますが「前著」の目立つミスに次のようなものがありますので、関係者のみなさまに深くお詫びし訂正いたします。

		誤		正
目次　項17及び項17本文中	「愛殊」	→	「愛珠」
項83本文　　7行目	「運営」	→	「支援」
同　　　　　8行目	「出身者」	→	「在籍者」

　特に、馴染みのある「愛珠幼稚園」を何ヶ所も「愛殊幼稚園」としたことは悔恨の至りです。良く知っているだけに、間違っているはずがない、という思い込みが働いてしまいました。愛珠幼稚園の関係者のみなさま、読者のみなさまには深くお詫びいたします。

　また、項83のジャーマン通り商店街の本文中で、ドイツ学園をドイツ連邦共和国が「運営する」と書きましたが、国から経費の3分の1が支出されてはいますが、「支援する」と書いた方がより適切だったかと思いますので、これまたお詫びして訂正いたします。

　また、同ページで、日本国憲法に「男女平等」を取り入れたゴードン女史を同学園の「出身者」と書いているのは、間違いではありませんが、「出身者＝卒業生」という誤解を生みかねませんので、「ゴードン女史は、子ども時代、同学園で学びましたが、ナチスのユダヤ人

迫害の影響もあって、インターナショナル・スクールに転校しています」と書き加えるべきだったと思います。

※　※　※

　ところで、昔、ある大学の西洋画の先生が、絵をかくことは「三かく関係」である、と書かれた文章を読んだことがあります。つまり、絵をかくことは「絵をかく」「汗をかく」「恥をかく」の「三かく関係」だと言われるのです。

　思うに「本をかく」こともまったく同じで「本をかく」「汗をかく」「恥をかく」という「三かく関係」になります。「絵をかく」のも、「本をかく」のも「汗をかく」のは当たり前ですが、共通して「恥をかく」ことでもあるのです。

　本の場合、特に校正を厳密にすべきですが、うっかりミスを犯すことがあります。校正の恐さについて、早稲田のある先生は"校正(後世)恐るべし"と言われましたが、まさにこれは至言です。

　大きなミスをした時は、さすがに悄気て「もう何もすまい」と思います。しかし、少し時が経てば、以前の失敗は忘れて「今度こそしっかりやろう」と思って、絵をかいたり、本をかいたりして、再び「恥をかく」ことになります。

　もちろん、何もしなければ「恥をかく」ことはないのですが、晃人やまきのように「よけいなこと」をして、幾重にも幾重にも「恥の上塗り」をする愚か者もいるのです。（晃人・まき）

◇74 前著に頂いた感想やお礼状など

　これは「はじめに」や「おわりに」に書いても良かったのですが、先に出版した姉妹編『日本の中のドイツを訪ねて』に対するみなさまのご感想やお礼などについては、ここで書かせていただきます。
　この頃、照れもあって、献本は控え気味にしていますが、ごく身近な人やお世話になった組織には、一定の範囲で送っています。
　献本先の殆どの方から、行ったことのある場所があって懐かしかった、初めて知ったことがあって参考になった、というようなご感想を多く頂きました。
　NHKの朝ドラにもなった、神戸の老舗フロインドリーブからは礼状とクッキーセットが届きました。晃人の妻やまきは目を点にしてクッキーを見つめていましたが、晃人は、第一次大戦時の俘虜のご子孫、本名フロインドリーブさんと繋がったことに感銘を受けました。
　また、既述のように神戸市外国人墓地管理事務所からは、見ることができなかったハイトケンペル夫妻の墓石の写真を送って頂きましたので、本著の「補遺1」に掲載できました。
　最近は、この種の本を出版してもたくさん売れることは期待できませんが、全国の大小の図書館の中には購入してくださって、貸し出しをされるところもありますので、そちらをご利用される方もあるのかなと思っています。（晃人・まき）

おわりに

　今回も書いてみて、日本とドイツとの交流は実に奥深いものだということを実感いたしました。また、前回と同様、取り上げたい「場所、人、もの」はたくさんあったのですが、時間的、経済的事情もあって、カットせざるを得なかったものも少なくありませんでした。

　場所については、できるだけ現地へ出かけることにしました。情報収集手段が多様になった現代においても、最後は現地踏査をすることがベストだと思うからです。実際、現地へ出かけますと、思いがけない情報に出会うこともありますし、何よりも現地にしかない「空気感」といったものがあります。

　本書および前著が、ご旅行のヒントとなり、日独交流の諸相を知る上で一つの手がかりとなるならばこの上なく嬉しく存じます。

　前著においても、本著においても、日独交流の過去および現在の"姿"をできるだけ平易にわかりやく書くように努めました。一部には、筆が走り過ぎて読みにくい部分もありますが、読者のみなさまには、今後とも、温かいご指導・ご助言を賜りますれば幸いに存じます。

真江村晃人
真江村まき

<著者紹介>

真江村晃人（まえむら・こうじん）/本名：前村　晃（まえむら・あきら）
- 造形芸術教育研究者/幼児教育史研究者/佐賀大学名誉教授
- 出水高等学校卒業/佐賀大学教育学部特設美術科（特美）卒業/東京学芸大学大学院修士課程修了/早稲田大学第一文学部哲学科教育学専修卒業　他
- 共訳/アイスナー著『美術教育と子どもの知的発達』黎明書房、1986年
- 前村晃（執筆者代表）/高橋清賀子・野里房代・清水陽子　共著『豊田芙雄と草創期の幼稚園教育』建帛社、2010年
- 単著『豊田芙雄と同時代の保育者たち』三恵社、2015年
- 共著（筆名による）『日本の中のドイツを訪ねて』三恵社、2017年
- 受賞：日本保育学会保育学文献賞/日本教育研究連合会表彰

真江村まき（まえむら・まき）/本名：前村晃子（まえむら・あきこ）
- ドイツ文学研究者/ドイツ語教師/博士（文学/広島大学）
- ドイツ語非常勤講師（広島修道大学、福山大学）
- 佐賀西高等学校卒業/広島大学文学部独語独文学科卒業/広島大学大学院博士課程文学研究科修了
- 博士論文「クライスト小説研究」（広島大学大学院文学研究科）、2006年
- 「クライスト『聖ドミンゴ島の婚約』について」『広島ドイツ文学』所収、2009年
- 共著（筆名による）『日本の中のドイツを訪ねて』三恵社、2017年

わくわく探訪　日本の中のドイツ

2018年5月8日　　初版発行

著　者　　真江村　晃人
　　　　　真江村　まき

定価（本体価格3,450円＋税）

発行所　　株式会社　三恵社
〒462-0056 愛知県名古屋市北区中丸町2-24-1
TEL 052 (915) 5211
FAX 052 (915) 5019
URL http://www.sankeisha.com

乱丁・落丁の場合はお取替えいたします。
ISBN978-4-86487-864-7 C0039 ¥3450E